Sabine Schmidt

Das expandierende private Sicherheitsgewerbe

Droht der Verlust des staatlichen Gewaltmonopols im öffentlichen Raum?

Eine Analyse für das Land Berlin

Sabine Schmidt

DAS EXPANDIERENDE PRIVATE SICHERHEITSGEWERBE

Droht der Verlust des staatlichen Gewaltmonopols im öffentlichen Raum?

Eine Analyse für das Land Berlin

ibidem-Verlag
Stuttgart

Bibliografische Information Der Deutschen Bibliothek

Die Deutsche Bibliothek verzeichnet diese Publikation in der Deutschen Nationalbibliografie; detaillierte bibliografische Daten sind im Internet über <http://dnb.ddb.de> abrufbar.

∞

Gedruckt auf alterungsbeständigem, säurefreien Papier
Printed on acid-free paper

ISBN: 3-89821-435-4

Printed in Germany

Inhaltsverzeichnis

1. Einleitung

1.1. Begründung und politikwissenschaftliche Relevanz

„Private Sicherheitsleute sind oft gnadenloser, als BVG und S-Bahn lieb ist.“ Diese Überschrift trug ein Artikel im Berliner Tagesspiegel, in dem beschrieben wurde, wie ein Fernsehjournalist, der eine Auseinandersetzung zwischen Kontrolleuren und einem Schwarzfahrer filmen wollte, von der Security über den Bahnsteig geschleift und zu Boden geworfen wurde[1]. Dieses Ereignis verweist zum einen auf das Bestehen eines Spannungsfeldes zwischen Menschen, wenn Techniken der Kontrolle angewandt werden. Zum anderen wird damit auf ein Phänomen hingewiesen, welches in den vergangen Jahre verstärkt im alltäglichen Stadtbild zu beobachten ist. Ob auf öffentlichen Plätzen, beim Stadtteilfest oder auf dem Trödelmarkt – private Sicherheitsfirmen sind häufiger als noch vor einigen Jahren im öffentlichen Raum im Einsatz. Diese subjektiv festgestellte Zunahme, welche sich auch in einer stärkeren Medienpräsenz ausdrückt – allein im Sommer 2003 erschienen wöchentlich mehrere Artikel in Berliner Tageszeitungen zur Rolle private Sicherheitsunternehmen – sowie das Konfliktpotenzial, welches das Auftreten der kontrollierenden Akteure in sich birgt, haben mich bewogen, das Phänomen des privaten Sicherheitsgewerbes insbesondere im öffentlichen Raum zu untersuchen.

Der nationale Staat in der Geschichte westlicher Demokratien ist ohne die Aufgabe Sicherheit nicht zu denken. Gemeinhin wird dabei die Wahrung der Öffentlichen Sicherheit der Polizei als Vertreterin des staatlichen Gewaltmonopols zugeschrieben. Aus dem verstärkten Auftauchen privater Akteure ergibt sich deshalb die Frage, ob dies Auswirkungen auf die Reichweite des staatlichen Gewaltmonopols hat. Vollzieht sich ein Rückzug des staatlichen Gewaltmonopols? Treten an die Stelle der universalen Normen, welche der Handlungslogik der staatlichen Sicherheitsbehörden zugrunde liegen, die partikularen Normen des privaten Sicherheitsgewerbes? Welche Rolle spielen dabei Kooperationsvereinbarungen, welche zwischen der Polizei und dem privaten Sicherheitsgewerbe abgeschlossen wurden? Die politikwissenschaftliche Relevanz ergibt sich nicht nur aus dem hohen Stellenwert, den die Staatsaufgabe Sicherheit von jeher einnimmt. Insbesondere nach den Anschlägen vom 11.09.2001 auf das World-Trade-Center in New York und den Attentaten in Ferienorten wie dem tu-

[1] Kurpjuweit, Klaus: Kontrolleure wollen keine filmenden Zeugen, in: Der Tagesspiegel, Nr. 18214, 19.08.2003, S. 12.

nesischen Djerba oder dem indonesischen Bali werden global verstärkt Strategien zur Wahrung der Öffentlichen Sicherheit entwickelt. Auch in der Bundesrepublik Deutschland ist es nach Attentaten wie in der Düsseldorfer U-Bahn im August 2000, dem versuchten Anschlag auf ein Frankfurter Hochhaus im Januar 2003 oder dem Bombenfund im Dresdner Hauptbahnhof im Juni 2003 nur zwangsläufig, dass sich die Bedeutung der Öffentlichen Sicherheit erhöht hat.

1.2. Fragestellung

In der vorliegenden Studie wird die Frage untersucht, ob die Expansion des privaten Sicherheitsgewerbes einen Verlust bzw. einen Rückzug des staatlichen Gewaltmonopols insbesondere im öffentlichen Raum bewirkt. Die Untersuchung grenzt dabei als Gegenstand das Land Berlin und temporär die Entwicklung des privaten Sicherheitsgewerbes seit Beginn der 90er Jahre bis Ende 2003 ein.

Quantitative Faktoren wie Beschäftigungszahlen oder wirtschaftliche Umsätze des privaten Sicherheitsgewerbes sollen hier nur eine untergeordnete Rolle spielen. Diese Zahlen sagen nur wenig über qualitative Auswirkungen aus, sind jedoch ein Mittel, um die Größe des kollektiven Akteurs privates Sicherheitsgewerbe im System der Öffentlichen Sicherheit darzustellen. Konzentriert werden soll sich dagegen auf eine Untersuchung neuer bzw. erweiterter Aufgabenfelder und die Frage, ob sich daraus eine bedeutendere Rolle der Sicherheitsbranche im System der Öffentlichen Sicherheit ergibt.

Aus der grundsätzlichen Fragestellung ergeben sich folgende Unterpunkte: Zielt das private Sicherheitsgewerbe darauf ab, polizeiliche Aufgaben zu übernehmen oder ist dies bereits geschehen? Welche Rolle spielt der im März 2002 geschlossene Kooperationsvertrag im Verhältnis von privatem Sicherheitsgewerbe und staatlichen Sicherheitsbehörden? Finden im Zuge allgemeiner Privatisierungsstrategien auch Auslagerungen von Sicherheitsaufgaben statt? Entwickelt sich Sicherheit zu einer käuflichen Ware, die nur noch von finanzkräftigen Bevölkerungsgruppen zu bezahlen ist? Wie lässt sich die Sicherheitspolitik und die Entwicklung polizeilicher Befugnisse in Berlin beschreiben? Eine Aufschlüsselung der Fragestellung in diese Aspekte gewährleistet nicht nur die Untersuchung des Akteurs privates Sicherheitsgewerbe, sondern setzt ihn in einen Zusammenhang mit gesamtgesellschaftlichen Veränderungen und den Strategien politischen Handelns.

Ein möglicher Verlust des staatlichen Gewaltmonopols könnte jedoch nicht nur durch die Auslagerung polizeilicher Aufgaben entstehen. Da private Gebiete mit öffentlichem Charakter vornehmlich das Einsatzgebiet des privaten Sicherheitsgewerbes bilden, soll ergänzend gefragt werden, ob sich hier eine quantitative Zunahme feststellen lässt.

Den strukturellen Hintergrund der Fragestellung bildet der Fakt, dass die Handlungslogik des privaten Sicherheitsgewerbes auf den Anweisungen und Interessen seiner Auftraggeber basiert. Staatliche Vertreter wie die Polizei sind dagegen dem Öffentlichen Interesse und dem Gemeinwohl verpflichtet. Eine wachsende Rolle des privaten Sicherheitsgewerbes könnte zur Folge haben, dass partikulare Normen an Bedeutung gewinnen und die am Gemeinwohl orientierten universalen Normen verdrängt werden. Insbesondere der öffentliche Raum als der Kernbereich allgemeiner Zugänglichkeit könnte sich dahingehend verändern, dass die Prinzipien der Gleichheit außer Kraft gesetzt werden. Allgemein gültige Grund- und Bürgerrechte (Art.1 bis 19 GG) würden auf diese Weise eingeschränkt.

Des Weiteren wäre es möglich, dass die wachsende Rolle des privaten Sicherheitsgewerbes das Entstehen eines neuen Machtpotenzials bewirkt. Das staatliche Gewaltmonopol könnte so seine dominierende Position verlieren. Die Prinzipien der freiheitlichen demokratischen Grundordnung würden unterhöhlt werden und die demokratische Kontrolle, die bei den staatlichen Sicherheitsbehörden als gegeben angesehen werden kann, könnte verringert werden. Die Legitimität des Staates würde auf dem Prüfstein stehen. Das Vertrauen, dass Bürgerinnen und Bürger in ihn setzen, könnte er verlieren. Für die Befürworter einer zunehmenden Rolle des privaten Sicherheitsgewerbes bildet die Aussage, der Staat könne gesellschaftliche Anforderungen und Erwartungen nicht mehr erfüllen, eine der wesentlichsten Begründungen. Zeichnete sich tatsächlich ein Verlust des staatlichen Gewaltmonopols ab, dann könnte gerade dieses Argument eine starke Eigendynamik entfalten.

1.3. Forschungsstand

Als grundlegende Theorien gelten die Schriften der kanadischen Kriminologen Clifford D. Shearing und Phillip C. Stenning. Bereits zu Beginn der 80er Jahre untersuchten sie die Gründe für das starke Wachstum der privaten Sicherheitsfirmen in Kanada und den USA. Sie kamen zu dem Schluss, dass das Wachstum der Polizei die gesellschaftlichen Ansprüche nicht mehr erfüllt bzw. sich die Polizei aus Bereichen öffentlicher Sicherheitsdienstleistung zurückzieht. Gemäß der danach benannten Vakuum-Theorie bilden sich Lücken im Sicherheitssystem, in welche private Sicherheitsfirmen vordringen und sich so neue Handlungsfelder erschließen[2]. Eine wesentliche Rolle spielt dabei die Zunahme privater Räume mit scheinbar öffentlichem Charakter, sogenannte *mass private property*. Diese Gebiete erhalten nach Shearing und Stenning einen zunehmenden Stellenwert in der Gestaltung des öffentlichen Lebens. Sie gehören jedoch privaten Besitzern und unterliegen damit dem Eigentumsrecht[3]. Mit der Zunahme von *mass private property* werden die einst relativ klare Trennung zwischen privatem und öffentlichem Raum und die daraus resultierenden Polizeikonzeptionen in Frage gestellt.

In der Bundesrepublik Deutschland wird die Rolle des privaten Sicherheitsgewerbes seit Mitte der 90er Jahre verstärkt thematisiert. Dies reflektiert die erhöhte Präsenz privater Anbieter insbesondere im öffentlichen Raum. Bei der Betrachtung der wissenschaftlichen Literatur kann grob in die Kategorien der Befürworter und Ablehner einer Expansionsstrategie unterteilt werden. Dabei steht eine kleine Gruppe der Ablehnenden einer weitaus größeren Gruppe von Befürwortern gegenüber. Eine maßgebliche Rolle bei der wissenschaftlichen Diskussion in der Bundesrepublik spielt die am 01.08.1999 an der Hamburger Universität eröffnete Forschungsstelle Sicherheitsgewerbe (FORSI)[4]. Diese Stelle steht unter der Leitung von Prof. Dr. Rolf Stober und wird von Securitas Deutschland gesponsert. Bei dieser Forschungsstelle handelt es sich um eine in Deutschland „einzigartige Institution, die neben der Forschung auch die Ausrichtung von Seminarveranstaltungen, die Herausgabe einer eigenen Schriftenreihe, die Bereitstellung eines Stipendienprogramms für Dissertationsvorhaben,

---

2 Vgl. Shearing, Clifford D. / Stenning, Phillip C. (1981): Modern Private Security. Its Growth and Implications, in: Crime and Justice Vol. 3, S. 193-246.

3 Vgl. Shearing, Clifford D. / Stenning, Phillip C. (1983): Private Security: Implications for Social Control, in: Social Problems Vol. 30, No. 5, S. 493-506.

4 Einzusehen unter: http://www.forsi.de.

den Aufbau eines Dokumentationszentrums sowie die Fortbildung von Führungskräften des Sicherheitsgewerbes zu ihren Aufgaben zählt"[5]. Zu den Forschungsgegenständen gehört auch die Untersuchung der rechtlichen Grenzen privat betriebener Gefängnisse. Die Garantie der wissenschaftlichen Unabhängigkeit der FORSI ist im Vertrag zwischen Securitas und der Universität Hamburg festgehalten[6]. Daneben ist jedoch auffällig, dass die meisten der hier verfassten Schriften eine verstärkte Rolle des privaten Sicherheitsgewerbes im System der Öffentlichen Sicherheit befürworten[7]. Das private Sicherheitsgewerbe wird als ein „facettenreicher und flexibler Dienstleister für die Öffentliche Sicherheit und Kriminalprävention" gesehen[8]. Es stelle keine Bedrohung für das Gewaltmonopol dar, zudem besitze der Staat „kein umfassendes Sicherheits- und Präventivmonopol"[9].

Auch von polizeiwissenschaftlicher Seite wird ein erhöhter Einsatz privater Akteure vertreten. So unterstützt insbesondere Rainer Pitschas den Aufbau eines neuen arbeitsteiligen Verbundes aus privaten und staatlichen Akteuren im Sinne eines Sicherheitsnetzwerkes[10]. Weiterführend argumentiert Lothar Mahlberg, welcher für einen „sehr weitgehenden"[11] Einsatz privater Unternehmen im Bereich der Gefahrenabwehr eintritt, dass die teilweise Kommerzialisierung von Sicherheit nur eine sozialstaatlich erwünschte Kompensation eines höheren Gefährdungsrisikos vermögender Bevölkerungsgruppen bewirke. „Die insoweit freiwerdenden staatlichen Polizeikräfte können sich vermehrt der Bewachung sozial problematischer Gebiete und der Strafverfolgungstätigkeit zuwenden"[12]. Soziale Argumente spielen in diesen Überlegungen keine Rolle bzw. werden gegensätzlich angewandt.

---

5 Brunst, Thomas (2004): Die private Stadtsicherheit. Wie in Deutschland eine milliardenschwere Sicherheitsindustrie öffentliche Aufgaben übernimmt und an Einfluss gewinnt, unveröffentlichtes Manuskript, S.12f., auszugsweise abgedruckt in: Frankfurter Rundschau, 60. Jg., 30.01.2004, S. 9.

6 Vgl. ebd.

7 Zusammenfassend: Stober, Rolf (Hrsg.) (2001:a): Jahrbuch des Sicherheitsgewerberechts 2001, Köln; und Stober, Rolf (Hrsg.) (2002): Jahrbuch des Sicherheitsgewerberechts 2002, Köln.

8 Stober, Rolf (2001:b): Private Sicherheitsdienste als Dienstleister für die Öffentliche Sicherheit, in: Zeitschrift für Rechtspolitik (ZRP) 33. Jg., H. 6, S. 260.

9 Ebd S. 262.

10 Pitschas, Rainer (1999): ‚Neues' Polizeirecht, Speyer Arbeitshefte Nr. 121, Speyer, S. 279ff.

11 Mahlberg, Lothar (1988): Gefahrenabwehr durch gewerbliche Sicherheitsunternehmen, Schriften zum Öffentlichen Recht (SÖR) Bd. 532, Berlin 1988, Vorwort o.S.

12 Mahlberg, a.a.O. S. 96.

Auf der Seite der verneinenden Minderheitenmeinung kann für die Bundesrepublik Deutschland federführend Wolfgang Hoffmann-Riem angesehen werden. In seiner bereits 1977 veröffentlichten Schrift spricht er den privaten Firmen die Anwendung der Notwehr- und Jedermannsrechte, im Wesentlichen §227ff. Bürgerliches Gesetzbuch (BGB) und §127 Strafprozessordnung (StPO), als Handlungsgrundlage ab. Diese seien für plötzliche und nicht vorhersehbare Situationen vorgesehen, eine Professionalisierung der Notwehr sei damit nicht zulässig[13].

Dieser Ansatz wird auch in aktuellen Schriften thematisiert, auf normativer Ebene stehen sich dabei immer noch die Befürworter und Ablehner einer Expansionsstrategie gegenüber[14]. In der Realität wurde diese Sicht allerdings rechtspragmatisch widerlegt. Die Anwendung der Notwehr- und Jedermannsrechte wird von den politischen Akteuren größtenteils anerkannt. Vermutet werden kann hier jedoch, dass dies aus Mangel an Alternativen geschieht. Anders als in anderen europäischen Ländern wie Dänemark oder Finnland existiert in der Bundesrepublik Deutschland keine einzelne Regelung im Sinne eines Sicherheitsgewerbegesetzes. Die Absprache der Rechte ohne Alternative würde die Branche jedoch vor ein rechtspolitisches und gewerblich-finanzielles Dilemma stellen.

Ein zentrales Argument gegen eine Ausweitung des privaten Gewerbes ist die vermutete fehlende Kontrolle durch übergeordnete Instanzen. Im Unterschied zur Polizei existiere bei den privaten Akteuren keine besondere strafrechtliche Verfolgbarkeit, beamtenrechtliche Bindung und demokratische Kontrollierbarkeit[15]. Mit der Novellierung des Bewachungsgewerberechts im Juli 2002[16] wurde zwar eine intensivere Kon-

---

13 Vgl. Hoffmann-Riem, Wolfgang (1977): Übergang der Polizeigewalt auf Private? Überlegungen zur Entwicklung privater Sicherheitskräfte, in: ZRP 9. Jg., H. 11, S. 282ff.

14 Statt aller: Bueß, Peter (1997): Private Sicherheitsdienste. Zur Tätigkeit freier Unternehmer auf dem Gebiet der Öffentlichen Sicherheit und Ordnung, Stuttgart, S. 52-79; Schnekenburger, Franz (1999): Rechtsstellung und Aufgaben des Privaten Sicherheitsgewerbes, Studien zum öffentlichen Wirtschaftsrecht (StöW) Bd.40, Köln, S. 134-180; Nitz, Gerhard (2000): Private und Öffentliche Sicherheit, SÖR Bd. 831, Berlin, S. 26-38

15 Vgl. u.a. Roßnagel, Alexander (1983): Zum Schutz kerntechnischer Anlagen gegen Angriffe von außen, in: ZRP 16. Jg., H. 3, S. 60ff.

16 Vgl. Gesetz zur Änderung des Bewachungsgewerberecht vom 26.07.2002, Bundesgesetzblatt (BGBl.) Teil 1 S. 2724 ff., unter: http://www.bundesgesetzblatt.de, Zugriff vom 13.10.2003 unter: http://www.bmwi.de/Redaktion/Inhalte/Downloads/Homepage_2Fdownload_2FBewachungsgewerberechtBegruendung.pdf,property=pdf.pdf Zugriff vom 11.11.2003.

trolle rechtlich verankert, doch wie später zu sehen sein wird, weist auch diese noch große Lücken auf.

Ein weiteres Argument gegen eine weitere Expansion des Gewerbes im öffentlichen Raum ist die Kritik an der Entwicklung von Sicherheitsdienstleistungen als käufliches Gut. Die Fähigkeit zum Konsum von Sicherheitsgütern spiegele die Struktur sozialer Ungleichheit wider[17]. Ein Fortführung dieses Prozesses würde die bereits bestehende soziale Ungleichheit weiter verstärken[18]. Bezogen auf den Untersuchungsgegenstand hieße dies, dass sich „wirtschaftliche Nutzung eines privaten Kontrollbedarfs für die Inanspruchnahme öffentlicher Räume durch alle Bürger als partikulare Ausgrenzungsstrategie"[19] erweist. Das heißt, öffentliche bzw. private Räume mit öffentlichem Charakter sind nur noch jenen vorbehalten, die den Vorgaben der Eigentümer entsprechen. Das Kriterium der allgemeinen Zugänglichkeit würde verringert, eine sozial-räumliche Segregation von Bevölkerungsgruppen könnte die Folge sein.

In der Konsequenz dieses Prozesses vermuten die Kritiker der Ausweitungsstrategie einen neuen Typus gesellschaftlicher Ordnungsformen, nach Trutz von Trotha eine „oligopolistisch-präventive Sicherheitsordnung"[20]. Das „vergleichsweise einheitliche Gefüge der Institutionen des staatlichen Gewaltmonopols" könnte zerbrechen und an dessen Stelle ein Gefüge von „privatwirtschaftlichen, parastaatlichen und kommunitären Institutionen der Sicherheitsherrschaft und Lebensformkontrolle" treten[21]. Die Struktur vorhandener ökonomischer Ungleichheit würde so in soziale Ungleichheit übersetzt und verfestigt.

Auch Beste und Braum argumentieren, dass das Erscheinen kommerzialisierter Formen von Polizei im öffentlichen Raum sich als Indikator eines signifikanten Struk-

---

17 Vgl. Voß, Michael (1997): Private Sicherheitsdienste im öffentlichen Bereich, in: Widersprüche. Zeitschrift für sozialistische Politik im Bildungs-, Gesundheits- und Sozialbereich Nr. 63, H. 1, S. 43ff.

18 Vgl. Narr, Wolf-Dieter (1992): Der Markt der Sicherheit, das Gewaltmonopol des Staates und die Bürgerrechte, in: Bürgerrechte und Polizei / cilip Nr. 43, H. 3, S. 11f.

19 Vgl. Voß, a.a.O. S. 49.

20 Trotha, Trutz von (1995): Ordnungsformen der Gewalt oder Aussichten auf das Ende des staatlichen Gewaltmonopols, in: Nedelmann, Brigitta (Hrsg.): Politische Institutionen im Wandel, Wiesbaden, S. 153.

21 Ebd. S. 156.

turwandels von Öffentlichkeit deuten lässt[22]. An dessen Ende werden die Vorstellungen eines unter gleichen Bedingungen geteilten politisch-öffentlichen Raumes außer Kraft gesetzt und durch ein Raster von privilegierten, weil besonders bewachten, Sicherheitsinseln wie beispielsweise *gated communities* ersetzt[23].

Makropolitisch einfügen lässt sich die Expansion des Sicherheitsgewerbes in das Für und Wider einer allgemeinen Privatisierung von Staatsaufgaben. Während die Kritiker eine Überführung von Sicherheitsaufgaben in die marktwirtschaftlichen Mechanismen aus Angebot und Nachfrage ablehnen, werben Befürworter wie Stober mit Effektivitäts- und Rentabilitätsargumenten[24]. Zudem eröffne der moderne Gewährleistungsstaat der Polizei verschiedene Optionen „zur Beteiligung privater Sicherheitsdienstleister an der Bewältigung der Aufgaben der Öffentlichen Sicherheit und Kriminalprävention“[25]. Die Gefahr verminderter Qualität, welche sich aus den Folgen von Deregulierung und Privatisierung ergeben können, werden aus Sicht der Befürworter weniger beachtet bzw. der Eigenverantwortlichkeit des Gewerbes unterstellt[26].

Das Verhalten der politischen Akteure zeigt im vergangenen Jahrzehnt einen grundlegenden Akzeptanzwandel gegenüber dem privaten Sicherheitsgewerbe. Während noch in den 80er Jahren eine Zusammenarbeit allgemein abgelehnt worden ist, gilt die Branche zum Jahrtausendwechsel als ein „wesentlicher Garant zum Erhalt der Öffentlichen Sicherheit“[27]. Noch im Wahljahr 1994 sprachen die meisten Parteien eher der Polizei ihre Unterstützung aus. Allerdings forderte die CDU die Einrichtung von freiwilligen Polizeidiensten zur Entlastung der Vollzugspolizei[28]. Die SPD führte aus,

---

22 Vgl. Beste, Hubert / Braum, Stefan (1995): Ein neuer Strukturwandel von Öffentlichkeit?, in: Widersprüche. Zeitschrift für sozialistische Politik im Bildungs-, Gesundheits- und Sozialbereich Nr. 55, H. 2, S. 60ff.

23 Vgl. ebd.

24 Stober (2001:b), S. 263f.

25 Vgl. Stober, Rolf (2001:c): Private Sicherheitsdienste als Dienstleister für die Öffentliche Sicherheit? Police-Private-Partnerships als Essenziale einer effizienten neuen Sicherheitsarchitektur, in: Stober, Rolf (Hrsg.): Vergesellschaftung polizeilicher Sicherheitsvorsorge und gewerbliche Kriminalprävention, Köln, S. 37.

26 Brunst (2004), S.35ff

27 Schily, Otto (2002): Grußwort des Bundesinnenministers auf einer Veranstaltung des BDWS, unter: http://www.gse-sicherheit.de/news/presse/2002/2002-08-grusswort-schily.htm, Zugriff vom 15.03.2003.

28 Vgl. Pütter, Norbert (1994): Parteien zur 'Inneren Sicherheit'. Ein Blick in die Parteiprogramme im Superwahljahr, in: Bürgerrechte und Polizei / cilip Nr. 48, H. 2, S. 23f.

die „Privaten können und dürfen die Polizei nicht ersetzen“ und die FDP lehnte es ab, „polizeiliche Vollzugsaufgaben an private Sicherheitsanbieter (‚schwarze Sheriffs’) zu übertragen“[29]. Bereits Ende der 90er Jahre rief der damalige Bundesminister des Innern Manfred Kanther (CDU) dazu auf, in den Bundesländern sogenannte Sicherheitsnetze zu bilden, in denen explizit die privaten Sicherheitsfirmen eine Rolle spielen sollten[30].

Die Berliner Große Koalition aus SPD und CDU setzte im Jahre 2000 die später noch genauer zu beleuchtende Expertenkommission Staatsaufgabenkritik ein. Sie sollte u.a. mögliche Auslagerungen sekundärer polizeilicher Aufgaben untersuchen. Insbesondere die Berliner FDP fordert in ihrem aktuellen Programm „Mehr Berlin – weniger Staat“ eine umfangreiche Abgabe polizeilicher Tätigkeiten an das private Sicherheitsgewerbe[31].

Eine ähnliche Annäherung kann auch bei polizeilichen Vertretern beobachtet werden. Wurde noch in den 80er Jahren eine Zusammenarbeit rundweg abgelehnt, so existierten zum Jahrtausendwechsel verschiedene Kooperationsmodelle in Form von Sicherheitspartnerschaften sowohl in Städten als auch flächendeckend in mehreren Bundesländern[32]. Die Gewerkschaften der Polizei lehnen zwar naturgemäß jede Form von Privatisierung ab, einer grundsätzlichen Zusammenarbeit stehen jedoch auch sie nicht mehr im Wege[33].

---

29 Vgl. Pütter, Norbert (1994): Parteien zur 'Inneren Sicherheit’. Ein Blick in die Parteiprogramme im Superwahljahr, in: Bürgerrechte und Polizei / cilip Nr. 48, H. 2, S. 24.

30 Vgl. Vgl. Kant, Martina / Pütter, Norbert (1998): Sicherheit und Ordnung in den Städten. Zwischen ‚Sicherheitsnetz’ und ‚Ordnungspartnerschaften’, in: Bürgerrechte und Polizei/cilip Nr. 59, H. 1, unter: http://www.cilip.de/ausgabe/59/netz.htm, Zugriff vom 28.10.2003.

31 Mehr Berlin, weniger Staat, Anträge der FDP-Fraktion, Abgeordnetenhaus Berlin Drs. 15/1224 bis 15/228.

32 Vgl. Safercity-Nachrichten (Mai bis Juli 2000), unter: http://www.is-kassel.de/~safercity/2000/kurz260800.html, Zugriff vom 01.11.2003.

33 Eckpunktepapier der Gewerkschaft der Polizei (GdP) (2000): Tätigkeit privater Sicherheitsdienste gesetzlich regeln! Gedanken zur Situation und Zukunft des privaten Sicherheitsgewerbes, in: Die Kriminalpolizei, H. 1, S. 43f.

Bezogen auf die rechtlichen Grundlagen erfolgte eine wesentliche Veränderung mit der Novellierung des Bewachungsrechtes im Jahre 2002[34]. Insbesondere qualitativen Verwerfungen, welche sich aus Deregulierung und Privatisierung ergeben können, sollte durch die Einführung eines erstmals anerkannten Ausbildungsberufes, der Erweiterung von Schulungsmaßnahmen und der Einführung der DIN 77200 entgegengewirkt werden. Dass diese Regelungen jedoch wirksam greifen, wird auch von Vertretern des Gewerbes bezweifelt[35].

Ferner existieren Vorschläge für eine weitere rechtliche Regulierung wie die Erteilung von Tätigkeitsverboten für das private Sicherheitsgewerbe insbesondere im öffentlichen Raum oder das Auflisten nicht privatisierbarer Aufgaben in sogenannten Negativkatalogen[36]. Letztere sind jedoch aufgrund der verschiedenen Ländergesetzgebungen umstritten. Tätigkeitsverbote im öffentlichen Raum könnten dem Recht auf Selbstbestimmung entgegenstehen[37].

Grundsätzlich wird von staatlicher Seite eine verstärkte Rolle des Gewerbes im System der Öffentlichen Sicherheit befürwortet. So führte der Bundesminister des Innern Otto Schily an, dass man bei der Vergabe öffentlicher Aufträge Private künftiger intensiver einbeziehen werde[38]. Bereits praktizierte Regelungen wie die Privatisierung der Luftfahrtkontrolle sollen stärker ausgebaut werden[39].

Zusammenfassend zeigt sich eine intensive Diskussion der Rolle des privaten Sicherheitsgewerbes im System der Öffentlichen Sicherheit auf rechtspolitischer, ökonomischer und staatstheoretischer Ebene seit Mitte der 90er Jahre. Bei der Untersuchung der Entwicklung von Sicherheit als käuflichem Gut fließen soziologische Aspekte

---

34 Vgl. Gesetz zur Änderung des Bewachungsgewerberechts vom 26.07.2002, a.a.O.

35 Zimmermann, Felix: Die Unsicherheitsdienste. Private Wachschutzfirmen boomen. Doch ihre Mitarbeiter sind oft schlecht ausgebildet, schlecht bezahlt und manchmal aggressiv, in: Berliner Zeitung v.10.09.2003, S. 20, unter: http://www.berlinonline.de/berliner-zeitung/archiv/.bin/dump.fcgi/2003/0910/lokales/0003/index.html, Zugriff vom 20.09.2003.

36 Nitz, a.a.O. S.125 u. 562f.

37 Nitz ebd.

38 Vgl. Schily, a.a.O.

39 Vgl. ebd.

ein. Aktuell liegen auch empirische Analysen vor, welche die Rolle des privaten Sicherheitsgewerbes im öffentlichen Raum zum Forschungsgegenstand haben[40].

Was jedoch fehlt, ist eine detaillierte Untersuchung der zunehmenden Vernetzung von Polizei und privatem Sicherheitsgewerbe in Kooperationsmodellen am praktischen Beispiel. In der vorliegenden Studie wird deshalb das Dokument der Berliner Sicherheitspartnerschaft sowohl auf inhaltliche Aspekte als auch auf seinen funktionalen Gehalt hin analysiert. Auf diese Weise kann ein wichtiger Beitrag zur politikwissenschaftlichen Erforschung des privaten Sicherheitsgewerbes im öffentlichen Raum und möglicher Auswirkungen auf das staatliche Gewaltmonopol erbracht werden.

Herzlich bedanken möchte ich mich an dieser Stelle bei Prof. Dr. für Politikwissenschaft Peter Grottian und Privatdozent für Politikwissenschaft Dr. phil. Norbert Pütter, die mich während des gesamten Arbeitsprozesses jederzeit hilfreich unterstützt haben.

---

[40] u.a. Kirsch, Benno (2003): Private Sicherheitsdienste im öffentlichen Raum. Formen und Folgen der Zusammenarbeit mit der Polizei in Berlin und Frankfurt am Main, Wiesbaden; Petersen, Simone (2000): Sicherheitskonzepte in der Neuen Stadt – am Beispiel der Potsdamer Platz Arkaden in Berlin, Diplomarbeit am Fachbereich Politik- und Sozialwissenschaften FU Berlin, Berlin.

1.4. Thesen

In Anlehnung an den Leitfrage der Arbeit „Das expandierende private Sicherheitsgewerbe – Droht der Verlust des staatlichen Gewaltmonopols im öffentlichen Raum?" ergeben sich folgende Thesen:

1. Das private Sicherheitsgewerbe im Land Berlin erschließt sich seit Beginn der 90er Jahre qualitativ und räumlich neue Aufgabenfelder. Öffentliche und halböffentliche Räume stellen dabei die wichtigsten Ressourcen.

2. Die Sicherheitspartnerschaft der Polizei und des privaten Sicherheitsgewerbes in Berlin etabliert die Branche als einen Dienstleister für die Öffentliche Sicherheit. Durch die Einbeziehung des privaten Sicherheitsgewerbes in polizeiliche Aufgaben wird der Einfluss des staatlichen Gewaltmonopols unterhöhlt.

3. Die umfassende Privatisierungsstrategie staatlicher Aufgaben, ausgelöst durch die fordistische Krise, hat in den 90er Jahren den Bereich der Sicherheitsdienstleistungen erreicht. Das private Sicherheitsgewerbe zielt darauf ab, polizeiliche Aufgaben zu übernehmen. Auf diese Weise wird die Reichweite des staatlichen Gewaltmonopols verringert.

4. Öffentlicher Raum wird durch den verstärkten Einsatz des privaten Sicherheitsgewerbe modifiziert. Die von der Branche vertretenen Partikularnormen gewinnen an Bedeutung und bewirken eine Ausgrenzung insbesondere armer Bevölkerungsgruppen.

5. Die Berliner Polizeigesetzgebung ist gekennzeichnet von einer beständigen Verringerung kontrollierender und sanktionierender Befugnisse. Im Zusammenhang mit der verstärkten Präsenz des privaten Sicherheitsgewerbes ergibt sich daraus ein Verlust des staatlichen Gewaltmonopols insbesondere im öffentlichen Raum.

1.5. Vorgehen

In der vorliegenden Studie wird untersucht, ob sich aus der Expansion des privaten Sicherheitsgewerbes ein Zurückdrängen des staatlichen Gewaltmonopols und seines wichtigsten Vertreters – der Polizei – im öffentlichen Raum erkennen lässt. Als geographischer Untersuchungsrahmen wird das Land Berlin gewählt. Aufgrund seines Stadt- und Präsenzcharakters als Hauptstadt eignet es sich sehr gut, um eventuelle Privatisierungen im Sicherheitsbereich, die Zusammenarbeit von Polizei und privaten Akteuren sowie städtische Sicherheitspolitik im Rahmen einer Fallstudie zu untersuchen. Als Untersuchungszeitraum wird der Abschnitt von 1990 bis – soweit es möglich ist – zum aktuellen Geschehen (Ende 2003) gewählt. Seit Beginn der 90er Jahre ist kann ein bedeutender Wachstumsschub der privaten Sicherheitsbranche festgestellt werden.

In einem ersten Schritt werden die wichtigsten Begriffe der Analyse – das private Sicherheitsgewerbe sowie der öffentliche und halböffentliche Raum – geklärt. Sodann wird in theoretischer Diskussion der Begriff des staatlichen Gewaltmonopols skizziert und die Rolle der Polizei im System der Öffentlichen Sicherheit erläutert. In der folgenden empirischen Untersuchung werden als erstes die quantitative Entwicklung sowie die neue Erschließung und Erweiterung von Aufgabenfeldern des privaten Sicherheitsgewerbes in Berlin seit 1990 dargestellt. Sodann wird das Dokument der Sicherheitspartnerschaft zwischen privatem Sicherheitsgewerbe und Polizei vom 08.03.2002 auf inhaltliche und funktionale Aspekte hin analysiert. Die Ergebnisse der Untersuchung in Berlin werden vor dem Hintergrund bundespolitischer Strategien betrachtet. Die weiteren Schritte sind die Analyse von Privatisierungen staatlicher Aufgaben im Sicherheitsbereich, der Entwicklung von Sicherheit als käuflichem Gut und der Sicherheits- und Polizeipolitik Berlins anhand ausgewählter Beispiele. Diese Vorgehensweise gewährleistet, dass die Rolle des privaten Sicherheitsgewerbes im öffentlichen Raum aus rechtspolitischen, soziologischen und ökonomischen Perspektiven diskutiert werden kann.

Die Rolle ehrenamtlicher Akteure wie Sicherheitswachten oder der frühere Freiwillige Polizeidienst in Berlin sollen im Folgenden vernachlässigt werden. Relevant sind nur Akteure, welche privaten Schutz gegen finanzielles Entgelt erbringen. Neben der Polizei als wichtigstem Träger der Öffentlichen Sicherheit agiert auch der Bundesgrenzschutz (BGS) im städtischen Sicherheitssystem z.B. in Bahnhöfen oder auf Flughäfen. Deshalb ist es notwendig, ihn ergänzend in die Untersuchung einzubeziehen. Die Arbeit ist nicht auf einen getrennten Theorie- und Praxisteil ausgerichtet. Es werden vielmehr kontinuierlich die erbrachten empirischen Aussagen in theoretische Modelle eingefügt und diskutiert werden.

1.6. Methoden

Die Untersuchung beruht hauptsächlich auf der Methode der Text- und Datenanalyse. In empirisch-analytischer Vorgehensweise wird ein Muster über die Rolle des privaten Sicherheitsgewerbes im System der Öffentlichen Sicherheit in den vergangenen Jahren und der aktuellen Situation erstellt. Daraus werden Aussagen für das Politikfeld Öffentliche Sicherheit abgeleitet und in Hinblick auf die Reichweite des staatlichen Gewaltmonopols diskutiert. Die wichtigsten primären Quellen sind dabei das Dokument der Sicherheitspartnerschaft von Berlin sowie der Erfahrungsbericht zum einjährigen Bestehen der Partnerschaft.

Daneben werden schriftliche Anfragen an den Dachverband des privaten Sicherheitsgewerbes, den Bund Deutscher Wach- und Sicherheitsunternehmen (BDWS) und das Büro des Berliner Beauftragten für Datenschutz und Informationsfreiheit sowie die Dokumentation des Berliner Abgeordnetenhauses, Pressemitteilungen verschiedener Senatsverwaltungen u.ä. untersucht. In sekundärer Analyse werden die Ergebnisse der empirischen Forschung herangezogen[41]. Die Literaturgrundlage bildet der bereits genannte wissenschaftliche Forschungsstand, Veröffentlichungen der Branche und Presseberichterstattungen.

Da die Arbeit politische Prozesse untersucht, fließen Elemente der *policy-Analyse* ein, ohne jedoch eine separate Aufschlüsselung in die einzelnen Stufen des *policy-cycles* vorzunehmen[42]. Ein solches Vorgehen würde den Rahmen der Studie sprengen. Methodisch ergänzt wird die Arbeit durch Interviews mit den an der Sicherheitspartnerschaft beteiligten Akteuren. Die beiden Interview erfolgen offen und teilstrukturiert.

---

41 u.a. Beste, Hubert (2000): Morphologie der Macht. Urbane ‚Sicherheit' und die Profitorientierung sozialer Kontrolle, Opladen; Kirsch (2003); Petersen, a.a.O.

42 Vgl. Schubert, Klaus (1991): Politikfeldanalyse, Opladen, S. 34ff.

Die Gesprächspartner sind ein Vertreter des Polizeipräsidiums Berlin vom Stab des Polizeipräsidenten (anonym) und Herr Hartmut Noll, Geschäftsführer von ASK Sicherheitsdienste Berlin. Herr Noll war zum Zeitpunkt des Interviews im November 2003 Berliner Landesgruppenvorsitzender des BDWS. Im Dezember 2003 wurde er von Rainer Erhardt von Gegenbauer Sicherheitsdienste GmbH abgelöst. Beide Gespräche sind als Anlagen beigefügt. Die Interviews wurden nicht nur in der Erwartung faktenorientierter Aussagen geführt. Sie lieferten vielmehr auch Aussagen über das Selbstverständnis und die Strategien der beteiligten Akteure im Politikfeld der Öffentlichen Sicherheit. In der Auswertung waren systemimmanente methodische Probleme zu beachten. Interviews basieren auf subjektiven Aussagen, deswegen können Eigeninteressen, Unsicherheiten oder Unkenntnis der Befragten zu verzerrten Darstellungen führen. In Bezug auf die Text- und Datenanalyse hat sich ergeben, dass, obwohl seit Mitte der 90er Jahre verstärkt empirische Untersuchungen vorgenommen wurden, es immer noch relativ schwierig ist, eine lückenlose Untersuchung des Themas durchzuführen.

2. Begriffsklärung

2.1. Das private Sicherheitsgewerbe

Private Sicherheitsanbieter werden als private Sicherheitsdienste oder privates Sicherheitsgewerbe bezeichnet[43]. Beide Begriffe werden oft gleichbedeutend nebeneinander verwendet. Ein einheitliches Verständnis herrscht weder in der wissenschaftlichen Literatur noch in der öffentlichen Diskussion. Der Begriff private Sicherheitsdienste ist eindeutig jüngerer Prägung und entspricht dem aktuellen Selbstverständnis der Branche als flexibler „Allround-Sicherheitsdienstleister"[44]. Trotzdem lassen sich private Sicherheitsdienste unter dem Begriff privates Sicherheitsgewerbe subsumieren. Denn die Dienste umfassen meist den Werkschutz, Geld- und Werttransporte sowie die Detekteien[45]. Deren Zugangsberechtigung ist an §34 a Gewerbeordnung (GewO) und die Bewachungsverordnung (BewachV) gebunden. Diese regeln die Belange des gesamten privaten Sicherheitsgewerbes. Um eine klare terminologische Abgrenzung zu gewährleisten, soll deshalb im Folgenden nur noch der Begriff privates Sicherheitsgewerbe verwendet werden.

Das Gewerbe lässt sich definieren als „gewerblicher, institutionalisierter Träger der Gefahrenabwehr, deren Aufgabe in dem Schutz des Einzelnen vor Gefahren für Rechtsgüter, insbesondere vor Straftaten, Unfällen und anderen, vielfach existenzbedrohenden Schicksalsschlägen liegen"[46]. Zum gängigen Angebot des Gewerbes gehören u.a. Transportbewachung, Zugbegleitung, Personenschutz, Schutz von Industrieanlagen, Bewachung militärischer Anlagen, Fluggastkontrolle, Veranstaltungsdienste, Baubewachung, Sicherheitsberatungen, Kurierdienste und Bewachung öffentlicher und halböffentlicher Räume wie *shopping malls*. Das private Sicherheitsgewerbe kann als kollektiver Akteur zur Erbringung von Schutz- und Sicherheitsdienstleistungen bezeichnet werden. Gegenüber den Sicherheitsverpflichtungen des Staates schält sich dabei die Bezeichnung des „Privaten" als Pendant heraus. Auch wenn Detlef

---

43 Der große Bereich der Herstellung und des Vertriebs von Sicherheitstechnik soll in der Untersuchung vernachlässigt werden.

44 Olschock, Harald (1999): Unternehmenshandbuch Wach- und Sicherheitsgewerbe. Erläuterungen, Checklisten, Muster, Köln, S. 3.

45 Vgl. Peilert, Andreas (1996): Das Recht des Auskunftei- und Detekteigewerbes: empirische Untersuchung, verfassungsrechtlicher Rahmen, rechtliche Befugnisse und gewerberechtlicher Novellierungsvorschlag, SÖR Bd. 710, Berlin, S. 59.

46 Ebd. S. 60.

Nogala zu Recht kritisiert, dass der Begriff des „Privaten" unpräzise und irreführend ist und eine Begrifflichkeit der „kommerziellen Unternehmen" vorschlägt[47], soll im Folgenden aus Gründen der Operationalisierung und künftigen Zitierweise doch der Begriff des privaten Sicherheitsgewerbes beibehalten werden. In der wissenschaftlichen und politischen Diskussion gilt er als allgemein anerkannt. Das private Sicherheitsgewerbe ist in einer Fülle von Aufgabenfeldern aktiv, eine Analyse aller Tätigkeiten würde den Rahmen der Studie jedoch sprengen. Konzentriert werden soll sich in Anlehnung auf Voß auf folgende Aufgabenbereiche[48]:

- Angestellte, welche in privatem oder staatlichem Auftrag handeln und in öffentlich zugänglichen Bereichen arbeiten
- andere Personen anhand vorgegebener Verhaltensmaßstäbe überwachen, ggf. Devianz kontrollieren
- dabei neben gesetzlichen Universalnormen von ihren Auftraggebern postulierte Partikularnormen als Verhaltensmaßstab nutzen.

Die angesprochenen Partikularnormen beziehen sich auf Anweisungen und Interessen der Auftraggeber des privaten Sicherheitsgewerbes. Im Falle der Bewachung privater Räume mit öffentlichem Charakter wie *shopping malls* sind dies z.B. die Eigentümer des Geländes. In seiner Handlungslogik ist das private Sicherheitsgewerbe primär seinem Auftraggeber verpflichtet. Den rechtlichen Handlungsrahmen bietet hauptsächlich das private Eigentums- und Hausrecht, insbesondere §903 BGB „Befugnisse des Eigentümers". Daneben werden der Branche die später noch zu diskutierenden sogenannten Notwehr- und Jedermannsrechte zugestanden.

---

[47] Vgl. Nogala, Detlef (1995): Was ist eigentlich so privat an der Privatisierung sozialer Kontrolle?, in: Sack, Fritz (Hrsg.): Privatisierung staatlicher Kontrolle: Befunde, Konzepte, Tendenzen, Baden-Baden, S. 250ff.

[48] Vgl. Voß, a.a.O. S. 38.

2.2. Der öffentliche Raum

Der Begriff des öffentlichen Raumes bildet zum einen eine geographische Kategorie. Zum anderen bezeichnet er eine gesellschaftliche Sphäre, dem Begriff des „Öffentlichen“ steht dabei der Begriff des „Privaten“ gegenüber.

Grundsätzlich kann davon ausgegangen werden, dass der öffentliche Raum einen Ort darstellt, auf welchem sich öffentliches Leben abspielt und der für alle Individuen zugänglich ist. Öffentliche Räume unterstehen als öffentliches Eigentum dem Staat bzw. den jeweiligen Gebietskörperschaften, dem Bund, den Ländern und den Kommunen. In ihrer Sicherheitsverantwortung haben sie die Öffentliche Sicherheit zu gewährleisten. Das später noch genauer zu klärende staatliche Gewaltmonopol wirkt damit hier in besonderer Weise. In der Entwicklung der Demokratie als Gesellschaftsform nimmt der öffentliche Raum einen besonderen Platz ein. Ausgehend von dem antiken Versammlungsplatz der Agora als Raum für politische Auseinandersetzungen bildet er ein wesentliches Fundament für die Bildung moderner politischer Meinungsäußerung und Partizipation[49].

Die Realität verweist den öffentlichen Raum eher in die Position einer idealtypischen Kategorie. So kann eine Straße eindeutig als öffentlicher Raum bezeichnet werden, aber allein schon in öffentlichen Gebäuden, die nur bestimmten Gruppen wie Studenten, Soldaten oder Ministerialbeamten vorbehalten sind, zeigt sich eine Beschränkung des Zugangs[50]. Jones und Newburn schlagen deshalb vor, von einem Kontinuum der Öffentlichkeit auszugehen[51]. Ein Endpunkt markiert dabei den öffentlichen Raum. „At he ‚public' end, we have large, open spaces, owned by the national local state on behalf of all, accessible to large numbers of people with few restrictions“[52]. Auf der anderen Seite befindet sich der private Raum. „At the other end of the spectrum we find the individual household, smaller, less accessible, and largely hidden from wider society“[53].

---

49 Auch wenn die Agora der griechischen Antike nicht allgemein zugänglich war und insbesondere Frauen, Sklaven und Zugezogene ausgeschlossen wurden, so kann die historische Funktion doch anerkannt werden.

50 Vgl. Kirsch (2003), S. 20.

51 Vgl. Jones, Trevor / Newburn, Tim (1998): Private Security and Public Policing, Oxford, S. 44f, zitiert in: Kirsch (2003), S. 20.

52 Ebd.

Die Mischformen zwischen öffentlichem und privatem Raum lassen sich insofern auf einer Skala verorten. Aus Gründen der Einfachheit soll jedoch auf diese Typologisierung verzichtet werden. Der öffentliche Raum in der vorliegenden Untersuchung bezieht sich auf Straßen (inklusive in Wohnvierteln), Plätze und Parks im öffentlichen Eigentum. Nach Angaben des privaten Sicherheitsgewerbes nehmen Aufträge im öffentlichen Raum aktuell ca. 5% des gesamten Auftragvolumens ein[54].

2.3. Der halböffentliche Raum

Gegenüber dem öffentlichen Raum soll das Konzept des halböffentlichen Raumes stehen. Es subsumiert gewissermaßen die von Jones und Newburn bezeichneten Mischformen im Kontinuum der Öffentlichkeit. Halböffentlicher Raum meint hier Gebiete öffentlichen Charakters, die jedoch privates Eigentum sind. In Anlehnung an Shearing und Stenning lassen sich diese Räume als *mass private property* bezeichnen[55]. Da eine eindeutige Übersetzung für den Begriff *mass private property* nicht existiert, wurde der Hilfsbegriff halböffentlicher Raum gewählt. Nach Nitz lassen sich folgende Abstufungen unterscheiden[56]:

- in Privateigentum stehende Räume, welche als solche erkennbar sind und einem Privaten zugeordnet werden, aber dem allgemeinen Verkehr geöffnet sind (z.B. Kaufhaus)
- öffentlich zugängliche Bereiche, in denen zwar privates Hausrecht gilt, dieses jedoch rechtlich überlagert ist (z.B. U-Bahn-Station)
- in Privateigentum stehende Räume, die äußerlich kaum abgegrenzt sind und nach sozialen Anschauungen als öffentlicher Raum qualifiziert werden *(z.B. shopping malls)*.

Wie bereits Shearing und Stenning darlegten, entwickeln sich diese halböffentlichen Räume zu bedeutenden Zentren des öffentlichen Lebens. Am bekanntesten für Berlin sind dabei *shopping malls*. Seit 1990 wurden 25 *shopping malls* im Sinne von ge-

---

53 Ebd.

54 Olschock, a.a.O. Vorwort S. V.

55 Vgl. Shearing / Stenning (1983), S. 501.

56 Vgl. Nitz, a.a.O. S. 558.

schlossenen Einkaufszentren mit jeweils mehr als 10.000 qm geschaffen[57]. Dies stellt eine stärkere Zunahme als in anderen Städten dar. Nach Meinung des Abteilungsleiters Referat Stadtentwicklungsplanung Thorsten Tonndorf sei dies jedoch auf einen hohen Nachholbedarf zurückzuführen[58]. Rein quantitativ entspräche die Entwicklung in Berlin dem bundesdeutschen Trend.

Als Problem für den Untersuchungsgegenstand ergibt sich, dass diese Räume Privateigentum sind. Die Besitzer haben nach den o.g. Eigentumsrechten die Möglichkeit, das private Sicherheitsgewerbe mit dem Schutzaufgaben zu betrauen. Inwieweit die von ihnen vertretenen Sicherungsansprüche mit dem staatlichen Gewaltmonopol kollidieren könnten, wird später diskutiert werden.

2.4. Das staatliche Gewaltmonopol

2.4.1. Ideengeschichtliche Herleitung

Für den Begriff des staatlichen Gewaltmonopols existiert keine eindeutige Definition. Dies liegt im Wesentlichen daran, dass der Gebrauch der Bezeichnung einherging mit sich historisch verändernden Staatsformen und staatlichen Notwendigkeiten. Die Monopolisierung staatlicher Gewalt lässt sich historisch beschreiben als ein Prozess der staatlichen Zentralisierung der über die Gesellschaft verteilten Rechte und Pflichten, Prärogative und Privilegien. Die Unruhen der Bürger- und Religionskriege des Mittelalters können als Auslöser für die Bildung der nationalstaatlichen Instanz gesehen werden, die Ruhe, Ordnung und Sicherheit gewährleisten sollte.

Auf diesem Grund fußt die ideengeschichtliche Entwicklung des staatlichen Gewaltmonopols. Im Folgenden soll sie anhand der wesentlichsten Schritte skizziert werden. Nach Jean Bodin (1529 – 1596) konzentriert sich die legitime öffentliche Gewalt als Ausdruck der vollkommener Macht beim einzelnen Souverän[59]. Der souveräne Staat als oberste und „stärkste“ Instanz soll damit über die das Monopol physischer Gewaltsamkeit verfügen. Seit Jean Bodin gilt das staatliche Gewaltmonopol als das zentrale Kriterium, um den Staat der Neuzeit zu

57 Tonndorf, Thorsten; Abteilungsleiter Referat Stadtentwicklungsplanung der Senatsverwaltung für Stadtentwicklung, telefonisches Gespräch vom 23.09.2003.

58 Ebd.

59 Vgl. Mayer-Tasch, Peter Cornelius (2000): Jean Bodin. Eine Einführung in sein Leben, sein Werk und seine Wirkung. Mit einer Bibliographie zum geistes- und sozialwissenschaftlichen Schrifttum über Bodin zwischen dem Jahr 1800 und dem Jahr 2000, Düsseldorf, S. 34f.

zentrale Kriterium, um den Staat der Neuzeit zu charakterisieren und ihn gegenüber den mittelalterlichen Herrschaftsverbänden abzugrenzen[60].

Wie der Begründer der Vertragstheorie Thomas Hobbes (1588 – 1679) ausführt, stellt die Schaffung der übergeordneten Macht das einzige Mittel dar, um dem kriegerischen Zustand des Kampfes aller gegen alle zu begegnen[61]. In einem Gesellschaftsvertrag übertragen demnach die Bürger dem Staat ihre Gewalt, unter der Voraussetzung, dass er sie vor physischer Gewalt und Übergriffen durch Dritte beschützt. In dieser Darlegung formiert sich erstmals ein konkreter Handlungs- und Gestaltungsauftrag an den Staat[62]. Sicherheit ist damit die zentrale Aufgabe und Legitimationsgrundlage der sich bildenden Nationalstaaten. Ein Schutz der Bürger vor Übergriffen des Staates war damit noch nicht thematisiert. Erst mit den Lehren von John Locke (1632 – 1704) wurde konnte darauf fokussiert werden, dass das staatliche Gewaltmonopol und dessen Ausübung durch das Recht kontrolliert wird[63]. Die Auffassung von der sittlich begründeten Autonomie und dem Eigenwert des Individuums forderte eine der Staatsgewalt entzogene Rechts- und Freiheitssphäre für den Einzelnen[64]. In der heutigen Verfassung der Bundesrepublik Deutschland sind die Freiheits- und Abwehrrechte der Menschen in den Grund- und Bürgerrechten (Art.1 bis 19 GG) verankert.

Nach Max Weber (1864 – 1920) ist der „Staat diejenige menschliche Gemeinschaft, welche innerhalb eines bestimmten Gebietes [...] das Monopol legitimer physischer Gewaltsamkeit für sich (mit Erfolg) beansprucht“[65]. Aufgrund des Gewaltmonopols ist der Staat damit die einzige Institution, die zur Durchsetzung ihrer Interessen auch physische Gewalt ausüben darf. Gemäß dem Rechtsstaatsprinzip ist sie dabei selbst an Recht und Gesetz gebunden.

---

60 Vgl. Schnekenburger, a.a.O. S.188.

61 Vgl. Heger, Rainer (1981): Die Politik des Thomas Hobbes. Eine Studie zur Geschichte der klassischen bürgerlichen Staatstheorie, Frankfurt am Main, S. 37ff.

62 Vgl. Weiner, Bernhard (2001:a): Privatisierung von staatlichen Sicherheitsaufgaben: eine Untersuchung mit verfassungsrechtlichem Schwerpunkt, Berlin, S.117.

63 Vgl. Hesselberger, Dieter (2001): Das Grundgesetz. Kommentar für die politische Bildung, 12. überarbeitete Auflage, Bonn, S. 57.

64 Vgl. ebd.

65 Schnekenburger, a.a.O. S. 187.

Zusammenfassend vollzog sich in Europa seit dem 16.Jahrhundert eine zentrale Institutionalisierung der Verfügungs- und Entscheidungsgewalt beim Staat. Die Funktionen des staatlichen Gewaltmonopols beruhen auf dem Schutz der Bürger vor physischer Gewalt, dem Erhalt der Inneren Ordnung und dem Schutz nach außen gegenüber anderen Staaten. Dem Verlauf der Monopolisierung liegt der Gedanke der inneren Befriedung zugrunde. Deshalb kann das staatliche Gewaltmonopol, verstanden als Regulativ zur innergesellschaftlichen Konfliktaustragung, auch als Zivilisationsmodell angesehen werden[66]. Innere Sicherheit ist damit eine zentrale Staatsaufgabe.

2.4.2. Reichweite des staatlichen Gewaltmonopols – demokratischer versus totalitärer Anspruch

Letzendlich bildet der Begriff des Gewaltmonopols jedoch nur eine idealtypische Kategorie zur Erfassung einer politisch-theoretischen Maxime. So kann grundsätzlich festgehalten werden, dass eine tatsächliche Konzentration aller gesellschaftlicher Gewalt beim Staat nie vorhanden war sowie aus normativer Sicht demokratischer Tradition auch nicht gewünscht ist[67]. Denn erstens würde dies der Ausdruck eines totalitären Staatsgebildes sein. Doch „staatliches Gewaltmonopol bedeutete nie staatliche Totalität aller Gewalt"[68] und „ein Staat, der für jedes Sicherheitsrisiko eingestehen soll, muss prinzipiell alles regeln, alles wissen und alles tun dürfen"[69]. Den Prinzipien der modernen freiheitlichen demokratischen Grundordnung und des sozialen Rechtsstaates würde dies widersprechen[70].

Zweitens ergibt sich aus einem allgegenwärtigen Vorhandensein der Sicherung eine Aufgabe, welche in der Realität nur schwer umgesetzt werden könnte. Sie würde vielmehr eine funktionale Überforderung des politischen Gebildes Staat bewirken. Aus diesen Gründen kann die Reichweite des Gewaltmonopols aus staatstheoretischen und praktischen Gründen nicht als allgegenwärtig und absolut, sondern nur als relativ angesehen werden.

---

66 Vgl. Papcke, Sven (1997): Staatsgewalt, in: Andersen, Uwe / Woycke, Wichard (Hrsg.): Handwörterbuch des politischen Systems der Bundesrepublik Deutschland, Bonn, 3.Aufl., S. 528 f.

67 Vgl. Isensee, Josef (1983): Das Grundrecht auf Sicherheit, Berlin, S. 41f.

68 Narr (1992), S. 11.

69 Schnekenburger, a.a.O. S. 191.

70 Vgl. ebd.

2.4.3. Legitimierte Durchbruchstellen – die Notwehr- und Jedermannsrechte

Es stellt sich damit die Frage, ob dem Bürger die Möglichkeiten der Gefahrenabwehr und Gewaltanwendung gegeben sind. Im Verhältnis inter privatos ist dies geregelt. Für den Fall, dass sich der Bürger in Gefahr befindet und staatliche Hilfe nicht augenblicklich zu erreichen ist, hat er das Recht, selbst Gewalt anzuwenden. Dies kann als rechtspolitische Notwendigkeit bezeichnet werden, denn eine Unterwerfung und Friedenspflicht kann vom Staat nur gefordert werden, wenn er in der Lage ist, sein Gewaltmonopol durchzusetzen[71]. Kann er dies nicht, so ergibt sich nach Hobbes eine Situation, in welcher der Staat sein Sicherheitsversprechen nicht einlösen kann und der Bürger demzufolge nicht mehr an den Unterwerfungsvertrag gebunden ist. Um private Gewaltanwendung zu legitimieren, muss dem Bürger jedoch die grundsätzliche Möglichkeit zur Anwendung von Gewalt gegeben sein. Gestattet wird dies dem Bürger aber nur im Sinne der Notwehr und Selbsthilfe. Sobald die legitimierten Vertreter des Staat erreichbar sind, muss gemäß der hierarchischen Struktur die Kompetenz zur Sicherung und gegebenenfalls Gewaltanwendung wieder abgegeben werden. Rechtlich verankert sind diese Möglichkeiten in den sogenannten Notwehr- und Jedermannsrechten nach §227ff. BGB und §127 StPO. Aus staatstheoretischer Sicht stellen sie keine Widersprüche, sondern komplementäre Elemente eines gemeinsamen Sicherungsvertrages Staat-Privat dar[72].

Die Anwendung der Notwehr- und Jedermannsrechte bildet in der Bundesrepublik Deutschland die rechtliche Grundlage für die Handlungsbefugnisse des privaten Sicherheitsgewerbes. Gegen deren Gültigkeit regt sich jedoch seit Jahrzehnten Widerstand. Wie bereits angesprochen, widersprach insbesondere Hofmann-Riem dieser Regelung. Die Notwehr- und Jedermannsrechte seien nur für Ausnahmesituationen gedacht und beinhalten, dass die Anwendung privater Gewalt von strafrechtlicher Verfolgung ausgenommen wird. Einen Einsatz dieser Rechte als Handlungsgrundlage für gewerbliche Unternehmen im Sinne einer Professionalisierung sei damit nicht möglich[73].

---

[71] Vgl. Schnekenburger, a.a.O. S. 191.
[72] Vgl. ebd.
[73] Vgl. Hoffmann-Riem, a.a.O. S. 280ff.

Auch wenn diese Argumentation heute entkräftet scheint; vor allem durch die Feststellung, dass das Recht diejenigen, welche die Notwehr- und Jedermannsrechte in Anspruch nehmen, nicht in privat und professionell unterteile[74]; und eine Anwendung der Rechte für das private Sicherheitsgewerbe als anerkannt gilt, so scheint diese Regelung doch weniger aus Überzeugung als eher aus Mangel an anderen Alternativen zu bestehen. Ein gesondertes Sicherheitsgewerberecht wurde in der Bundesrepublik Deutschland bisher nicht realisiert.

2.4.4. Die Kompetenz-Kompetenz im staatlichen Gewaltmonopol

Ein weiterer Ansatz zur Differenzierung der Reichweite des staatlichen Gewaltmonopols lässt sich aus der Souveränitätslehre ableiten. So lassen sich die Theorien Jean Bodins dahingehend interpretieren, dass der souveräne Staat über die Zulässigkeit der Ausübung von Gewalt durch nichtstaatliche Träger entscheiden kann[75].

Als oberste Instanz verfügt über die Kompetenz-Kompetenz, das heißt die Fähigkeit, als Verwaltungsträger seine Zuständigkeit für bestimmte Bereiche auf andere Akteure zu übertragen. Aus staatstheoretischer Sicht wird hier kein Bereich ausgeklammert[76]. Die Duldung von ihm legitimierter Übertragung rührt nicht an den Grundfesten des staatlichen Gewaltmonopols, vielmehr ist er als einzige Instanz befugt, darüber zu entscheiden, wer nichtstaatliche Gewalt ausübt. Im System der Öffentlichen Sicherheit wird davon mit der Übertragung von hoheitlichen Rechten (dies meint insbesondere Eingriffsbefugnisse gegenüber Dritten) in Form der Beleihung oder dem Einsatz des privaten Sicherheitsgewerbes als sogenannter Verwaltungshelfer Gebrauch gemacht. Inwieweit diese Praxis vor dem Hintergrund eines sich wandelnden Staatsverständnisses von Bedeutung ist, wird später diskutiert werden.

---

74 Statt aller: Bueß, a.a.O. S. 52ff.; Mahlberg, a.a.O. S. 107ff.

75 Vgl. Nitz, a.a. O. S. 316ff.

76 Vgl. ebd. S. 319.

2.4.5. Das staatliche Gewaltmonopol ist relativ – Was nun?

Bei der Betrachtung des Begriffs des staatlichen Gewaltmonopols ergeben sich folgende Fakten: Die idealtypische Kategorisierung und die unklare Beschreibung erschweren eine eindeutige Definition. Sicher ist, die Monopolisierung der Gewalt beim Staat ist ein Befriedungsmodell, Sicherheit ist eine zentrale Staatsaufgabe. Bei einer differenzierteren Betrachtung der Reichweite des Gewaltmonopols ergibt sich jedoch, dass eine Totalität staatlicher Gewalt aus staatstheoretischen und faktischen Gründen nicht gegeben ist. Insbesondere im Verhältnis inter privatos wird das Recht zur Gewalt auf Basis der Notwehr zugestanden. Staatliche Souveränität äußert sich auch in der Legitimierung nicht-staatlicher Gewalt und Sicherheit für private Akteure. Auf staatstheoretischer Ebene lassen sich somit keine Ansatzpunkte finden, welche die Problematisierung eines möglichen Funktionswandels des staatlichen Gewaltmonopols rechtfertigen.

Ist es nun von vornherein irrelevant zu fragen, ob die Expansion privater Sicherheitsakteure eine neue Konstellation des staatlichen Gewaltmonopols und eine neue Sicherheitsarchitektur zur Folge haben könnte? Ich behaupte: Nein. Die Hinterfragung der Rolle und Akteure im Politikfeld Innere Sicherheit ist schon aus Gründen der existenziellen Grundlage eines staatlichen Systems zwingend gegeben. Definiert man das staatliche Gewaltmonopol als Grundlage von Souveränität und Legitimation, so kann eine Untersuchung desselben grundsätzlich nicht als irrelevant angesehen werden. Betrachtet man weiterhin das Gewaltmonopol als eine prozessuale Größe bzw. als Kräfteverhältnis, so erklärt sich, dass es von einem Wachstum privater Akteure und Sanktionsmechanismen nicht unberührt bleiben kann[77].

Des Weiteren lässt sich die oft formulierte Ansicht „Der Staat besitzt zwar das Gewaltmonopol, aber kein Monopol auf Sicherheit“ in ihr Gegenteil verkehren. Argumentiert man: Der Staat besitzt zwar kein Monopol auf Sicherheit, jedoch das Gewaltmonopol; so würde dies einer Lesart und staatstheoretischen Perspektive folgen, welche die Dominanz des Staates als übergeordnete und regelnde Instanz hervorhebt.

---

[77] Vgl. u.a. Breuer, Stefan (1998): Der Staat. Entstehung, Typen, Organisationsstadien, Hamburg, S. 296.

2.5. Die Polizei als institutionelle Trägerin der Öffentlichen Sicherheit

Auch für den Begriff der Öffentlichen Sicherheit liegt keine einheitliche Definition vor. In Anlehnung an Weiner lassen sich jedoch grundsätzlich folgende Schutzfunktionen dazu zählen[78]:

- die Unverletzlichkeit der Rechtsordnung bzw. der Schutz der objektiven Rechtsordnung
- die subjektiven Rechte und Rechtsgüter des Einzelnen
- der Bestandteil und die Funktionsfähigkeit des Staates, seiner Einrichtungen und Veranstaltungen
- des Schutzes der Bürger vor Rechtsgutverletzungen.

Der Wahrung der Öffentlichen Sicherheit liegen damit die zentralen Aufgaben der Gefahrenabwehr und Kriminalprävention zugrunde. Ferner gilt es, ungeschriebene Regeln für das Verhalten des Einzelnen in der Öffentlichkeit zu wahren, „deren Beachtung nach den jeweils herrschenden Anschauungen als unerlässliche Voraussetzung eines geordneten staatsbürgerlichen Zusammenlebens betrachtet wird“[79]. Im weitesten Sinne lässt sich hier der Begriff der sozialen Kontrolle ableiten.

Das Politikfeld der Öffentlichen Sicherheit ist ein Teilaspekt der Inneren Sicherheit. Dabei entstammt der Terminus Innere Sicherheit einer politisch-publizistischen Sprache der späten 60er Jahre und beschreibt aktuell die Prozesse, Institutionen und Maßnahmen der Innenpolitik, welche ihrem Anspruch und/oder ihrer Funktion nach darauf gerichtet sind, Verhältnisse zu wahren, in denen die Rechtsordnung beachtet wird und die staatlichen Einrichtungen funktionsfähig sind[80]. Ziele sind die Abwehr von Gefahren für Individuen und der Erhalt der politischen, sozialen und wirtschaftlichen Ordnung. Dem staatlichen Gewaltmonopol und seiner Staatsaufgabe Sicherheit sind damit die Innere Sicherheit und auch die Öffentliche Sicherheit unterstellt. Als Teilaspekt der Inneren Sicherheit überschneiden sich Aufgabenbereiche mit der Öffentlichen Sicherheit.

---

78 Vgl. Weiner (2001:a), S. 52.

79 Ebd. S. 54.

80 Vgl. Nohlen, Dieter (Hrsg.) (2001): Kleines Lexikon der Politik, 2.Aufl., München, S. 204f.

Im Gegensatz dazu jedoch ist der Begriff der Öffentlichen Sicherheit (auch Öffentliche Sicherheit und Ordnung) als Gesetz in den Polizei- und Ordnungsgesetzen der Bundesländer als Kern der polizeilichen Generalklausel festgeschrieben. Insbesondere die Polizei ist damit institutionelle Trägerin der Öffentlichen Sicherheit. Für das Land Berlin gilt hier das Allgemeine Gesetz zum Schutz der Öffentlichen Sicherheit und Ordnung (ASOG) vom 14.04.1992 (Gesetz- und Verordnungsblatt GVBl. S.119), zuletzt geändert durch Artikel I des Gesetzes vom 10.02.2003 (GVBl. S. 67)[81].

Die Polizei ist demnach staatlich legitimiert und beauftragt, für den Erhalt der Öffentlichen Sicherheit zu sorgen. Bildlich gesprochen stellt die Polizei hier den waltenden Arm des staatlichen Gewaltmonopols dar. Aufgrund des Beamtenvorbehaltes steht es Angehörigen der Polizei zu, auch Eingriffsbefugnisse gegenüber Dritten im Sinne hoheitsrechtlicher Ermächtigungen anzuwenden. Verfassungsrechtlich ist dies in Art.33 Abs.4 GG geregelt.

Die Handlungslogik der Polizei orientiert sich zum einen an ihrem gesetzlichen Auftrag zum Erhalt der Öffentlichen Sicherheit im Rahmen der Rechtsordnung und zum anderen am Gemeinwohl, verstanden als Übereinkunft einer gemeinsamen Norm- und Werteordnung in der Gesellschaft. Dabei ist die Polizei dem Neutralitäts- und Gleichheitsgrundsatz gegenüber allen Individuen verpflichtet. Im Gegensatz zu den partikularen Normen des privaten Sicherheitsgewerbes orientiert sich die Polizei demnach an den sogenannten universalen Normen des Gemeinwohls.

Inwieweit beide im Widerspruch stehen und ob sich hier eine Verschiebung zugunsten der partikularen Normen des privaten Sicherheitsgewerbes abzeichnet, wird später untersucht werden. Für die Polizei ergibt sich grundsätzlich die Frage, ob eine stärkere Präsenz des privaten Sicherheitsgewerbes im System der Öffentlichen Sicherheit einen Verlust polizeilicher Präsenz oder Befugnisse und damit einen Verlust des staatlichen Gewaltmonopols bewirkt.

81 Allgemeines Gesetz zum Schutz der Öffentlichen Sicherheit und Ordnung, Berlin 2003, unter: http://www.datenschutz-berlin.de/recht/bln/rv/sich_o/asog1.htm, Zugriff vom 12.10.2003.

Die Begriffsklärung hat ergeben, dass der öffentliche Raum der wesentliche Schauplatz für öffentliches Leben ist. Daneben gewinnen auch halböffentliche Räume zunehmend an Bedeutung. Diese wiederum stellen ein zentrales Einsatzgebiet des privaten Sicherheitsgewerbes dar. Die Polizei ist die institutionelle Trägerin der Öffentlichen Sicherheit und arbeitet auf der Grundlage des staatlichen Gewaltmonopols. Dieses muss als relative Größe betrachtet werden. Ein Verlust des staatlichen Gewaltmonopols ließe sich in einem quantitativen Rückgang polizeilichen Personals vermuten. Doch diese Zahlen würden nur wenig über den tatsächlichen Gehalt der möglichen Wahrnehmung polizeilicher Aufgaben aussagen. Weitaus wichtiger ist es, das private Sicherheitsgewerbe auf eine Erweiterung von Aufgabenfeldern und Befugnissen hin zu untersuchen. In einem ersten Schritt wird hierzu die Entwicklung der Branche in Berlin seit 1990 analysiert.

3. Das private Sicherheitsgewerbe in Berlin von 1990 bis 2003

3.1. Unternehmensstruktur

3.1.1. Bestandsentwicklung der Unternehmen in absoluten Zahlen

Bis zum Ende der 80er Jahre existierte die Branche des privaten Sicherheitsgewerbes nur im westlichen Gebiet der geteilten Stadt. Im Ostteil waren zwar kommunale Träger und Privatpersonen in ergänzender Funktion zur Polizei tätig, private Unternehmen im Sinne eines ökonomischen Akteurs gab es jedoch nicht. Eine kontinuierliche Zählung der Unternehmen aus einer Quelle ist wegen der geringen empirischen Daten nicht möglich. Aufgrund des vorliegenden Materials ergibt sich folgendes Bild:

Tabelle 1

Jahr	Unternehmensstand
1988	16[82]
1992	170[83]
1997	75[84]
2000	125[85]
2001	112[86]
2003	320[87]

Zu Beginn der 90er Jahre stieg die Zahl der Unternehmen sprunghaft an. Zu einem großen Teil ist dies auf die Möglichkeiten des neuen Marktes im Ostteil der Stadt zurückzuführen. Zum Ende der 90er Jahre scheint die Anzahl der Firmen wieder gesunken zu sein. Im vorliegenden Material zu 1997 ist die Quelle jedoch nicht eindeutig benannt[88]. Von daher kann die Zahl hier nur als Vermutung stehen. Nach Informationen des BDWS bewegt sich die Unternehmenszahl zur Jahrtausendwende wieder auf

82 Diederichs, Otto (1992): „Sicherheit ist Kapital" - Private Sicherheitsdienste in Zahlen und Fakten, in: Bürgerrechte und Polizei / cilip Nr. 43, H. 3, S. 27.

83 Eick, Volker (1995): „Berlin wird Hauptstadt, aber sicher ...", in: Sträter, Frank (Hrsg.): Los Angeles / Berlin. Stadt der Zukunft – Zukunft der Stadt, Stuttgart, S. 137.

84 Petersen, a.a.O. S. 42.

85 Schriftliche Information des BDWS vom 19.11.2003.

86 Ebd.

87 Diederichs, Otto: Mit Sicherheit wenig zahlen, in: taz Berlin lokal, Nr. 7110, 22.7.2003, S. 20, unter: http://www.taz.de/pt/2003/07/22/a0178.nf/text, Zugriff vom 11.11.2003.

88 Vgl. Petersen, a.a.O. S. 42f.

höherem Niveau, war jedoch von 2000 zu 2001 leicht rückläufig. Aktuelle Zahlen von 2003 gehen dagegen von einem Unternehmensstand von ca. 320 Firmen aus. Gemessen an den Zahlen des BDWS von 2000 und 2001 wäre dies ein enormer Zuwachs von über 200% in nur zwei Jahren. Diese Sicht ist nicht realistisch. Vielmehr lässt sich hier vermuten, dass die aktuelle Summe auch die Firmen erfasst, die nicht legal angemeldet sind.

Dieses Problem wird quer durch die 90er Jahre in verschiedenen Quellen beschrieben[89]. Insbesondere Kleinst- und Kleinunternehmen, die „schwer vermittelbare" Mitarbeiter des ehemaligen Staatssicherheitsdienstes, der Volkspolizei oder der NVA beschäftigen, sind hier typisch. In dieser Struktur wird intensives Lohn- und Preisdumping betrieben. Die Fülle der kleinen Unternehmen bewirkt eine starke Unübersichtlichkeit des Marktes[90]. Zudem arbeiten in Berlin auch Firmen, die sich aufgrund der noch niedrigeren Gehaltsstrukturen im Umland ihren Sitz im Land Brandenburg eingerichtet haben. In den Zahlen des BDWS für Berlin sind sie demnach nicht erfasst. Der BDWS geht vielmehr von den „gemeldeten, steuerpflichtigen Wach- und Sicherheitsunternehmen in Berlin" aus[91].

Grundsätzlich zeigt sich jedoch ein starkes Wachstum der Firmenzahlen seit 1990. Damit liegt das Land Berlin im bundesweiten Trend. Wurden noch 1992 ganze 1.290 Wach- und Sicherheitsunternehmen in der Bundesrepublik Deutschland gezählt, so lag im Jahre 2001 die Zahl bei ca. 2.700 Firmen[92]. Das entspricht einem Zuwachs von über 100%. Eine Expansion der Branche seit 1990 ist demnach für das gesamte Bundesgebiet und auch für Berlin festzustellen.

---

89 Vgl. zusammenfassend und rückblickend Diederichs, Otto: Mit Sicherheit wenig zahlen, in: taz, a.a.O.

90 Vgl. ebd.

91 Schriftliche Information des BDWS vom 19.11.2003.

92 http://www.bdws.de, Zugriff vom 21.10.2003.

3.1.2. Beschäftigungszahlen und Beschäftigungsstruktur

Zwangsläufig ist damit auch die Anzahl der Beschäftigten gestiegen. Nach Angaben des Statistischen Bundesamtes waren Mitte 2002 in Berlin 10.662 Arbeitnehmer gemeldet.[93] Aktuelle Zahlen benennen ca. 10.000 bis 12.000 Angestellte[94]. Der Berliner Landesgruppenchef des BDWS schätzte hier sogar 15.000 bis 16.000 Beschäftigte[95].

Eine Unterteilung in Vollzeitbeschäftigte und geringfügig Angestellte ist für den Berliner Markt nicht möglich. Nach den allgemeinen Erhebungen des Statistischen Bundesamtes und des Bundesverbandes des BDWS liegt der Bundesdurchschnitt bei ca. 67% an Vollzeitkräften und ca. 33% an geringfügig angestellt Beschäftigten[96]. Diese Quote dürfte nach Annahmen der Branche auch für den Berliner Markt zutreffen[97]. Damit weist die Branche einen relativ hohen Anteil an geringfügig Beschäftigten aus.

3.1.3. Gegenüberstellung: Beschäftigte der Polizei und Polizeidichte

Der Personalbestand der Berliner Polizei in den 90er Jahren kann aufgrund mangelhaften Materials empirisch nicht nachvollzogen werden. Nach Angaben der Polizei wurden von 1990 bis 2001 ca. 5.500 Stellen abgebaut[98]. Es ist jedoch nicht überprüfbar, ob hier eine Auflösung der DDR-Polizei inbegriffen ist. Zudem vollzog sich der genannte Stellenabbau hauptsächlich im Bereich der Verwaltung und Wachpolizei, weniger im Vollzugsbereich[99]. Unstrittig verfügt das Land Berlin mit 1:161[100] über die bundesweit höchste Polizeidichte (durchschnittlich ca. 1:320[101]) Nach Angaben des polizeilichen Interviewpartners rühre dies aus ungewöhnlich hohen Zuständigkeit

---

93 Schriftliche Information des BDWS vom 19.11.2003.

94 Ebd. u. Ruprecht, Anke: Wachschutz ist fast ehrenamtliche Arbeit, in: taz Berlin lokal, o.N., 11.04.2003, S. 22.

95 Vgl. Anlage 3: Interview mit dem Berliner Landesgruppenchef des BDWS, Hartmut Noll, am 06.11.2003.

96 Schriftliche Information des BDWS vom 19.11.2003.

97 Anlage 3.

98 Vgl. Expertenkommission Staatsaufgabenkritik (2001:a): 2. Zwischenbericht, in: Stober (2001:a), S. 196.

99 Vgl. ebd.

100 eigene Berechnungen inkl. Vollzugsbeamter u. Angestellter, Stand 2001.

101 Waard, J. de (1999): The Private Security Industry in International Perspective, in: European Journal on Criminal Policy and Research Nr.2, S. 155, in: Kirsch, Benno (2002): Privates Sicherheitsgewerbe. Unternehmen, Beschäftigte und Struktur einer Branche, in: Bürgerrechte und Polizei / cilip Nr. 73, H. 3, S. 78.

der Berliner Polizei für Ordnungsaufgaben[102]. Es gebe hier aktuell intensive Bemühungen, viele dieser Aufgaben den Ordnungsämtern zuzuweisen[103]. (Da jedoch auch Stadtverwaltungen dazu übergehen, private Firmen mit Aufgaben zu betrauen[104], könnte sich hier eine „Privatisierung auf Umwegen“ entwickeln.)

Nach Angaben der Senatsverwaltung für Inneres verfügte die Berliner Polizei Ende 2001 über insgesamt 25.565,83 besetzte Planstellen (davon Angestellte im Vollzugsbereich ca. 3.005)[105]. Im Vergleich zum Vorjahr wurden 134,5 Stellen abgebaut. Für den Bereich der Vollzugsbeamten wurden 17.988 Stellen angegeben, ca. 100 weniger als im Jahr vorher. Die Zahl der Auszubildenden im Vollzugsdienst belief sich in beiden Jahren auf ca. 2.442[106]. Ein weiterer Stellenabbau der Polizei wird zwar diskutiert, die veröffentlichten Zahlen der Senatsverwaltung für Finanzen beziehen sich jedoch auf Senkung der Personalkosten im öffentlichen Dienst insgesamt[107]. Konkrete Angaben zum Abbau polizeilicher Stellen scheinen ungern veröffentlicht zu werden[108]. Aktuell wurde zum 30.09.2003 wurde der Berliner Einstellungsstop aufgehoben, in den kommenden Jahren können jährlich etwa 150 Polizistinnen und Polizisten neu eingestellt werden[109].

Mit einem geschätzten Mittelwert von etwa 11.000 privat angestellten Sicherheitskräften (orientiert an den schriftlichen Quellen) und den 17.988 Beamten im Vollzugsbereich ergibt sich ein Verhältnis von 1:1,63. Zuzüglich der 3.005 Angestellten im Vollzugsbereich zeigt sich ein Vergleich von 1:1,9. Es ist zwar naheliegend, dass sich das Verhältnis der Beschäftigten beider Gruppen im vergangenen Jahrzehnt an-

---

[102] Vgl. Anlage 4: Anonymes Interview mit einem Mitarbeiter der Polizei, Stab des Polizeipräsidenten von Berlin, vom 17.11.2003.

[103] Vgl. ebd.

[104] Brunst (2004), S. 52ff.

[105] Senator für Inneres Erhart Körting: Antwort (Schlussbericht) auf Kleine Anfrage Nr. 15/ 604, 20.09.2002, in: DokNr. 180/202, S. 14.

[106] Ebd.

[107] Vgl. Finanzplanung Berlin 2003 bis 2007, unter: http://www.berlin.de/SenFin/Haushalt/finanz planung03-07.html, Zugriff vom 04.01.2004.

[108] Vgl. u.a. Fleischmann, Peter, Sprecher der Senatsinnenverwaltung Abt. Öffentliche Sicherheit; in: Opposition kritisiert geplanten Stellenabbau bei der Polizei, in: Berliner Morgenpost, o.Nr., 22.05.2003, o.S., unter: http://morgenpost.berlin1.de/archiv2003/030522/berlin/story605529. html, Zugriff vom 04.01.2004.

[109] Senator für Finanzen Thilo Sarrazin zur Personalentwicklung im öffentlichen Dienst, unter: www.spd-berlin.de/sip-polizei/ - 47k, Zugriff vom 04.01.2004.

genähert hat, dennoch überwiegt die Anzahl der Polizeibeamten und Angestellten im Vollzugsbereich die der privaten Kräfte.

Die aktuell verfügbaren Zahlen zu einem bundesweiten Vergleich beziehen sich auf 1999[110]. Mit einer Anzahl von 260.132 Polizeistellen[111] gegenüber den ca. 176.000 privaten Sicherheitskräften ergibt sich ein Verhältnis von ca. 1:1,48. Demnach überwiegt auch hier die Anzahl der Polizisten. In den USA gestaltete sich das Verhältnis zum selben Zeitpunkt mit 1:1,81 umgekehrt zugunsten der privaten Firmen[112]. Das Land Berlin weist im Bundesvergleich eine relativ starke Überlegenheit polizeilicher Angestellter auf, was jedoch auf die hohe Polizeidichte zurückgeführt werden kann.

3.1.4. Umsätze der privaten Unternehmen

Auch eine lückenlose Auflistung der Umsätze kann mit dem vorliegenden Material nicht dargestellt werden. Die Eckdaten beschreiben hier folgenden Verlauf:

Tabelle 2

Jahr	Umsatz in Mio. €
1992	200,0[113]
1997	250,0[114]
2000	167,0[115]
2001	131,4[116]

Demnach sind die Gewinne der Berliner Unternehmen bis zum Ende der 90er Jahre gestiegen. Seitdem stagnieren sie bzw. sind bereits unter das Anfangsniveau von 1992 zurückgefallen. Die Gründe hierfür liegen hauptsächlich in der zahlenmäßigen Expansion der Unternehmen. Es hat sich ein Kampf um den Sicherheitsmarkt entwickelt, der mit einem starken Preis- und Lohndumping verbunden ist[117]. Dieser Aspekt

---

110 Kirsch (2002), S. 78.

111 Es ist hier nicht nachprüfbar, ob Beamte und Angestellte erfasst sind und ebenso wenig, ob Beschäftigte des BGS und Bundeskriminalamtes (BKA) enthalten sind.

112 Kirsch (2002), ebd.

113 Diederichs, Otto: Mit Sicherheit wenig zahlen, in: taz, a.a.O.

114 Petersen, a.a.O. S. 42f.

115 Schriftliche Information des BDWS vom 19.11.2003.

116 Ebd.

117 Vgl. Diederichs, ebd.

soll später detaillierter diskutiert werden. Bundesweit stieg die Zahl der Umsätze von 1992 mit ca. 1,95 Milliarden (Mrd.) € bis 1999 auf 3,14 Mrd. €[118]. Seitdem entwickeln sich die Gewinne geringfügiger, betrugen im Jahr 2000 ca. 3,38 Mrd. € und 2001 ca. 3,67 Mrd. €[119]. Die Berliner Daten entsprechen damit nicht eindeutig der bundesweiten Entwicklung. Im Trend jedoch ist ein geringeres Wachstum der Gewinne erkennbar. Auch der damalige Präsident des BDWS Rolf Wackerhagen erklärte bereits 1999, dass der Boom des privaten Sicherheitsgewerbe längst vorbei sei[120]. Möglicherweise hat in Berlin durch den umfangreichen neuen Markt im Ostteil der Stadt ein stärkerer Zuwachs als in anderen vergleichbaren Städten nach 1990 stattgefunden. Stärkerer Wettbewerbsdruck und Rückgang des Preisniveaus spiegeln sich nun in den geringeren Gewinnzahlen wider.

3.1.4. Marktkonzentration

Auch im Bereich der Marktkonzentration ist keine einzelne Aussage möglich. Nach Angaben des BDWS kann hier nur mit den Zahlen des Bundesdurchschnitts gearbeitet werden[121]. Demnach entfallen ca. 70% des Marktes auf Kleinst- und Kleinunternehmen. Deren Jahresumsatz liegt jeweils zwischen 100.000 € bis 1 Million (Mio.) €. Davon entfallen ca. 33% auf Kleinstunternehmen, die zwischen 250.000 € und 500.000 € erwirtschaften. 16% beträgt der Anteil der Firmen, die zwischen 500.000 € und 1 Mio. € Umsatz ausweisen. Diese Kleinst- und Kleinunternehmen tragen jedoch nur zu ca. 11,5% des Gesamtumsatzes der Branche bei. Mittelständische und große Unternehmen mit einem Anteil von ca. 19% am Gesamtmarkt erwirtschaften dagegen ca. 60% des Gesamtumsatzes[122].

Damit ergibt sich, dass die Branche hauptsächlich von Kleinst- und Kleinunternehmen geprägt ist, die jedoch nur einen geringen Teil des Gesamtumsatzes erwirtschaften. Demgegenüber erbringen wenige mittlere und große Unternehmen die wesentlichsten finanziellen Erträge. Die Branche entspricht damit den wesentlichen Strukturen des internationalen Vergleichs. Bereits 1981 stellten Shearing und Stenning für

---

[118] http://www.bdws.de, Zugriff vom 21.10.2003.
[119] Vgl. ebd.
[120] o.V. (1999:b): Der Boom ist längst vorbei, in: Zeitschrift für die Sicherheit in der Wirtschaft (WiK), Nr. 6, S. 94.
[121] Schriftliche Information des BDWS vom 19.11.2003.
[122] Zusammenfassend ebd.

den kanadischen Markt fest, dass 5 Firmen ca. 50% aller Angestellten der Branche beschäftigten[123]. In Großbritannien waren bereits 1976 bei einer Umfrage unter 529°*security organizations* ca. 84% aller Angestellten bei ca. 2% der Firmen beschäftigt[124]. Dabei waren die größten Firmen internationale Konzerne, die im Zuge beginnender Globalisierung weltweit tätig wurden. So entstammte ein Großteil der Sicherheitsbranche in Kanada bereits Ende der 70er Jahre dem US-amerikanischem Markt[125].

Ein Beispiel für Deutschland ist die schrittweise die Übernahme des größten deutschen Sicherheitsanbieters Raab/Karcher AG von 1996 bis 1998 durch die Securitas AB Schweden[126]. Die weltgrößte Sicherheitsfirma beschäftigte im Jahre 2001 ca. 230.000 Mitarbeiter weltweit in 32 Ländern. Sie erwirtschaftete ca. 6,5 Mrd. € Gesamtumsatz[127]. In Deutschland ist sie mit über 17.500 Mitarbeitern an 70 Standorten präsent und bildet sowohl in der Bundesrepublik als auch in Berlin den größten Arbeitgeber im Sicherheitsbereich.

Eine solche Marktkonzentration und eine weltweite Vernetzung internationaler Konzerne als wesentlichste Trends könnten durchaus Auswirkungen auf das System der Öffentlichen Sicherheit haben. Denn die staatlichen Interessen und Prozesse zur Aufrechterhaltung der Öffentlichen Sicherheit könnten von den Interessen der privaten Sicherheitsfirmen, entstammend anderer Länder und orientiert an finanziellem Profit, unterwandert werden. So lässt sich mit Shearing und Stenning fragen: „Do these trends suggest the beginnings of a shift in sovereignty from governments to multinational corporations who may control international security organizations of immense proportions?"[128]. Diese Frage kann hier nicht abschließend behandelt werden, verdient jedoch bei Betrachtung des Untersuchungsgegenstandes eine Erwähnung.

---

123 Vgl. Shearing / Stenning (1981), S. 206 ff.

124 Vgl. ebd.

125 Vgl. ebd.

126 Vgl. Securitas Deuschland Kurzprofil, unter: http://www.securitas-online.de/html/frset/frset_js.html?PID=4, Zugriff vom 25.11.2003.

127 Ebd.

128 Shearing / Stenning (1981), S. 209.

Zusammenfassend zeigt die Unternehmensstruktur im Land Berlin eine Expansion der Branche seit 1990. Proportional stieg auch der Anteil der Beschäftigten an, wobei mit ca. einem Drittel ein relativ hoher Anteil an geringfügig Angestellten beschäftigt ist. Die Umsätze der Branche sind seit dem Ende der 90er Jahre rückläufig bzw. bereits unter das Anfangsniveau von 1992 zurückgefallen. Grundsätzlich entsprechen die Berliner Daten dem bundesdeutschen Trend. Eine Ausnahme bilden lediglich die abnehmenden Umsätze in Berlin gegenüber den bundesweit geringfügig steigenden Zunahmen. Auch für Berlin lässt sich ein Anteil vieler Kleinst- und Kleinunternehmen mit geringem Umsatzanteil gegenüber wenigen mittleren und großen Firmen mit starkem Umsatzanteil feststellen. Auch sogenannte *global player* wie die schwedische Securitas AB sind hier vertreten. Damit entsprechen Berlin und auch die Bundesrepublik Deutschland den beiden grundsätzlichen Trends der Sicherheitsbranche in den westlichen Industrieländern, der Marktkonzentration und der internationalen Vernetzung großer Konzerne im Zuge der Globalisierung.

3.2. Neue und erweiterte Aufgabenfelder des privaten Sicherheits gewerbes

Seit 1990 kann in Berlin auch eine Erweiterung der Aufgabenfelder des privaten Sicherheitsgewerbes festgestellt werden. Zu den neu erschlossenen Bereichen gehören nach Angaben des BDWS die Parkraumbewirtschaftung sowie der Einsatz im Öffentlichen Personennahverkehr (ÖPNV)[129]. Exakte Zahlen zur Erfassung der Größe Parkraumbewirtschaftung liegen nicht vor. Eine ausführliche Untersuchung zum aktuellen Diskurs erfolgt in Ziffer 6.4.2. Vorerst gilt hier der Fakt, dass eine private Bewirtschaftung von Parkraumflächen im Sinne von systematischen Feststellungen von Park- und Halteverstößen durch den Beschluss des Kammergerichts in Berlin vom 23.10.1996 für unzulässig erklärt worden ist[130]. Bei der angegebenen Parkraumbewirtschaftung darf es sich demnach nur um die Überwachung privater Tiefgaragen o.ä. handeln. Eine weitere Auslegung wäre rechtswidrig. Für das Feld des ÖPNV hingegen ist nachweisbar, dass private Firmen seit 1990 im Bereich der Berliner Verkehrsgesellschaft (BVG) und seit 1991 in der Berliner S-Bahn im Einsatz sind[131]. Zudem wurde 1993 von der Deutschen Bahn die Bahn Schutz & Service GmbH (BSG) als hundertprozentige Tochtergesellschaft der Bahn gegründet[132]. Als privates Unternehmen unterstehen ihr hier die Bewachung der S-Bahn und der Bahnhöfe des gesamten Schienenverkehrs. Neben neuen Aufgabenfeldern wurden folgende Bereiche verstärkt ausgebaut[133]:

- Separatwachdienst, Revierwachdienst in Bundesministerien, Bundesbehörden, Bundesrat, Bundestag
- Veranstaltungs-, Messe- und Kontrolldienste
- Flughafenkontrollen
- Personenschutz
- Aufsichtspersonal Warenhäuser, Einzelhandel.

---

129 Schriftliche Information des BDWS vom 19.11.2003.

130 Beschluss des 3. Senats für Bußgeldsachen des Kammergerichtes in Berlin, Berlin vom 23.10.2003, Geschäftsnummer: 2Ss 171/96, 3Ws (B)406/96.

131 Vgl. Pütter, Norbert (1992): Öffentlicher Nahverkehr – Sicherheit durch Private? Beispiel Berlin, in: Bürgerrechte und Polizei / cilip Nr. 43, H. 3, S. 33ff.

132 Vgl. Kirsch (2003), S. 91.

133 Schriftliche Information des Bundesverbandes des BDWS vom 19.11.2003.

Aufgrund der Zunahme halböffentlicher Räume wie *shopping malls,* dem verstärkten *Outsourcing* von Aufgaben in öffentlichen und privaten Gebäuden und Firmen sowie der Zunahme von Veranstaltungen und politischen Demonstrationen in Berlin als Hauptstadt sind alle Bereiche nachvollziehbar. Nicht erwähnt ist hier das Patrouillieren auf Straßen in Form von sogenannten City-Streifen durch Aufträge von Händlergemeinschaften wie ab 1994 durch die AG City auf dem Kurfürstendamm[134]. Ebenso fehlt die Bewachung ganzer Wohnviertel wie z.B. im neu gegründeten Wohngebiet Neu Karow seit 1997[135] oder in Neukölln seit Sommer 2003[136]. Möglicherweise sind diese Bereiche aus Sicht der Branche bereits unter den o.g. Punkten Verstärkung des Aufsichtspersonals im Einzelhandel und im Separatwachdienst subsumiert oder gelten als weniger relevant.

[134] Kirsch (2003), S. 99.
[135] Vgl. ebd. S. 38.
[136] o.V.: Security-Firma schützt Wohnhäuser, in: Berliner Zeitung, Nr. 182, 07.08.2003, o.S.

3.3. Untersuchung der These 1

Zusammenfassend zeigt sich, dass in Berlin seit 1990 gegenüber früheren Aufgabenfeldern der Branche wie Werkschutz, Geld- und Werttransporte oder privater Objektschutz eine deutliche Erweiterung der Tätigkeitsbereiche vonstatten ging. Dabei berühren die Bereiche im Wesentlichen sowohl den öffentlichen als auch den halböffentlichen Raum. Die Vermutung, dass das private Sicherheitsgewerbe seit 1990 in neue Aufgabenfelder vordringt, kann damit bestätigt werden. Des Weiteren ist nachweisbar, dass sowohl der öffentliche Raum als auch öffentlich zugängliche Gebiete das Kernstück neuer und erweiterter Tätigkeitsfelder bilden. These 1 kann damit umfassend verifiziert werden: *Das private Sicherheitsgewerbe im Land Berlin erschließt sich seit Beginn der 90er Jahre qualitativ und räumlich neue Aufgabenfelder. Öffentliche und halböffentliche Räume stellen dabei die wichtigsten Ressourcen.*

Ein exakter Nachweis, welchen Anteil der öffentliche und halböffentliche Raum im Arbeitsvolumen des privaten Sicherheitsgewerbes in Berlin einnimmt, liegt nicht vor. Zahlen aus Untersuchungen wie in Frankfurt am Main zeigen jedoch eine hohe Quote in diesem Bereich zum Ende der 90er Jahre[137]. Mehr als die Hälfte der befragten Unternehmen waren dort 1999 nach eigenen Angaben im öffentlichen Raum tätig[138]. Im ÖPNV waren sie mit 22,6%, in öffentlichen Straßen und Plätzen sowie Ladenpassagen mit 42,1% sowie bei Messen und Veranstaltungen mit 80,5% beteiligt[139]. Eine Ähnlichkeit mit der Aufgabenstruktur der Berliner Branche kann angenommen werden.

Erstaunlich ist hier, dass nach Angaben von Branchenvertretern der öffentliche Raum als Betätigungsfeld mit 5% und der halböffentliche Raum mit 10% angegeben wird[140]. Diese Aussagen widersprechen den von der Frankfurter Branche angegebenen Betätigungsfeldern der Branche von ca. 52,9%[141]. Grundlegend entspricht die Ausweitung der Aufgabenfelder in Berlin den als „neu“ bzw. „künftig“ bezeichneten

---

[137] Vgl. Beste (2000),Tabelle 1, S. 456.

[138] Vgl. ebd. Auswertung der Tabelle S. 320 ff.

[139] Vgl. ebd.

[140] Vgl. Olschock, a.a.O. Vorwort S.V.

[141] Vgl. Beste ebd. Tabelle 1, S. 456.

Tätigkeitsbereichen der Branche zum Ende der 90er Jahre[142]. Damit spiegelt die Ausweitung der Aufgabenfelder in Berlin erneut den bundesweiten Trend wider. Insbesondere Vertreter der Branche betonen hier, dass der Einsatz des privaten Sicherheitsgewerbes „in öffentlichen Räumen nicht nur zunehmend beobachtet, sondern auch immer häufiger gefordert wird“[143]. Insofern stellt sich die Frage, ob sich hieraus eine neue Form der Zusammenarbeit zwischen dem privaten Sicherheitsgewerbe und der Trägerin der Öffentlichen Sicherheit, der Polizei, entwickelt. Nach einer kurzen bundespolitischen Skizzierung wird im Folgenden dazu das Dokument der Sicherheitspartnerschaft zwischen der Berliner Polizei und dem privaten Sicherheitsgewerbe analysiert.

---

142 Vgl. Martens, Ulrich / Röder, Hans-Werner (1995): Neue Sicherheitsdienste, in: Glavic, Jürgen J. (Hrsg.): Handbuch des privaten Sicherheitsgewerbes, Stuttgart, S. 347–378; u. Schnekenburger, a.a.O. S. 47–50.

143 Olschock, a.a.O. S. 17f.

4. Die Zusammenarbeit zwischen der Polizei und dem privaten Sicherheitsgewerbe

4.1. Analyse auf Bundesebene

Das Land Berlin ist mit seiner Sicherheitspartnerschaft nicht der Vorreiter in der Zusammenarbeit zwischen Polizei und Privaten in der Bundesrepublik Deutschland. Zum einen existierten bereits verschiedene Auslagerungsmodelle früherer staatlicher Aufgaben, die in Kapitel 6 ausführlich erläutert werden. Zum anderen zeigt sich seit den frühen 90er Jahre bundesweit eine stärkere Tendenz der vertraglichen Zusammenarbeit.

Als erster Schritt gilt die gemeinsame Konferenz von Polizei und privatem Sicherheitsgewerbe 1993 an der Polizeiführungsakademie (PFA) in Münster-Hiltrup[144]. Diese Verbindung trägt das Kürzel BOS – Behörden und Organisationen mit Sicherheitsaufgaben. Aufgrund der ständig wachsenden Kriminalität und der abnehmenden Personalstärke der Polizei wurde die Zusammenarbeit als „Gebot der Stunde“ bezeichnet[145]. Die Vereinbarung einer engen Kooperation als sogenannte Sicherheitspartnerschaften wurde befürwortet[146]. Nach Brunst und Korell ist die Zusammenarbeit von Polizei und Privaten damit nicht grundlegend neu. Sie formiert sich nun jedoch als vertragliche und nicht mehr als verdeckte Kooperation[147]. Der Sammelbegriff *police-private-partnership* wurde von Stober im Jahre 1997 erstmals benannt[148]. Im Rahmen der gängigen Bezeichnung *public-private-partnership* beschreibt er die polizeilich determinierte Kooperationsform zwischen privaten und staatlichen Akteuren.

Ebenfalls 1997 empfahl der damalige Bundesminister des Innern Manfred Kanther (CDU) auf dem „Zukunftsforum Innere Sicherheit“ den Bundesländern, „neue Mo-

---

144 Vgl. Brunst, Thomas / Korell, Jürgen (2001): Private Sicherheitsdienste und Polizei. Von der verdeckten zur vertraglichen Kooperation, in: Bürgerrechte und Polizei / cilip Nr. 68, H. 1, S. 69f.

145 Vgl. ebd.

146 Vgl. ebd.

147 Vgl. ebd.

148 Vgl. Stober, Rolf (1997): Staatliches Gewaltmonopol und privates Sicherheitsgewerbe. Plädoyer für eine Police-Private-Partnership, in: Neue Juristische Wochenzeitschrift (NJW) 50. Jg., H. 14, S. 889-896.

delle“ zur Kriminalitätsbekämpfung zu erproben[149]. Die Kooperation mit dem privaten Sicherheitsgewerbe wurde dabei explizit aufgeführt[150].

Am 02.06.1999 wurde die erste Sicherheitspartnerschaft zwischen Polizei und privatem Sicherheitsgewerbe in Düsseldorf gegründet. Kurz danach zogen die Städte Frankfurt am Main, Wiesbaden und flächendeckend die Länder Mecklenburg-Vorpommern und Brandenburg nach[151]. Am 01.12.2000 unterzeichneten der Bundesminister des Innern Otto Schily (SPD) als oberster Dienstherr des BGS und der Vorstandschef der Deutschen Bahn AG Hartmut Mehdorn eine „Ordnungspartnerschaft“[152]. Mit dieser sollte der Informationsaustausch zwischen den Führungsebenen des BGS und der Deutschen Bahn AG intensiviert werden. Weiterhin wurde das hauseigene Sicherheitsunternehmen der Deutschen Bahn AG, die BSG, beauftragt, den BGS durch die Wahrnehmung des Hausrechtes bei der Arbeit in den Bahnhöfen zu unterstützen[153]. Gemeinsame Bestreifung, Übungen und Fortbildungen sind hier die Kernpunkte.

Im November 1999 erarbeitete das Landeskriminalamt Baden-Württemberg Leitlinien über die Zusammenarbeit von Polizei und privatem Sicherheitsgewerbe[154]. Diese wurden vom Arbeitskreis II (AKII) der Innenministerkonferenz (IMK) zustimmend zur Kenntnis genommen. Darin heißt es, dass Private außerhalb des hoheitlichen Leistungsbereiches einen wirksamen Beitrag zur Kriminalprävention leisten können[155]. „Möglichkeiten ihrer Einbeziehung in Maßnahmen und Projekte der kommunalen Kriminalprävention sind zu prüfen“[156]. Nach Meinung des privaten Sicherheitsgewerbes ist damit der Grundstein gelegt, um Private mit öffentlichen Aufgaben zu betrauen[157]. Eine genaue Dokumentenanalyse kann hier nicht vorgenommen werden. Fest steht, die Zusammenarbeit von Polizei und privatem Sicherheitsgewerbe gewinnt an Bedeutung. Dies spiegelt sich auch in der am 02.02.2000 von der IMK veranstalteten Tagung „Partnerschaft für mehr Sicherheit in unseren Städten und Gemeinden“

---

149 Vgl. Kant / Pütter, a.a.O. o.S.
150 Vgl. ebd.
151 Vgl. u.a. http://www.safercity.de, Zugriff vom 01.11.2003.
152 Vgl. Brunst / Korell, a.a.O. S. 70.
153 Vgl. ebd.
154 Vgl. Expertenkommission Staatsaufgabenkritik (2001:a), S. 198.
155 Ebd.
156 Vgl. ebd.
157 Vgl. ebd.

wider[158]. Hier wurde folgender Grundsatzbeschluss gefasst: „Kriminalprävention ist eine gesamt-gesellschaftliche Aufgabe, die in enger Kooperation von allen staatlichen und privaten Institutionen, der Bevölkerung und insbesondere auf kommunaler Ebene wahrzunehmen ist“[159].

Zusammenfassend ergibt sich, dass sowohl auf Bundesebene als auch regional zum Jahrtausendwechsel die Zusammenarbeit von Polizei und Privaten im Sinne von Sicherheitspartnerschaften bzw. *police-private-partnerships* in weiten Teilen der politischen und polizeilichen Ebenen akzeptiert und umgesetzt wurde. Im System der Öffentlichen Sicherheit wird das private Sicherheitsgewerbe als Kooperationspartner anerkannt.

Der Begriff der Sicherheitspartnerschaft überdeckt jedoch die ungeklärte Struktur der entstehenden Dauerbeziehungen[160]. Bundesweit finden sich sehr unterschiedliche Kooperationsformen hinsichtlich der Kriterien Zeitdauer, Formalisierung, Standardisierung und Intensität der Interaktion. Die institutionellen Arrangements sind meist klar benannt. Defizite ergeben sich jedoch bei der Beschreibung der Kooperationsstrukturen auf Alltagsebene[161]. Genaue Leistungsgrenzen bei der Beschreibung des öffentlichen Polizierens durch private Sicherheitsfirmen fehlen. Doch gerade von den Strukturen in der alltäglichen Arbeit ist abhängig, wie sich das Verhältnis von Polizei und privatem Sicherheitsgewerbe gestaltet.

Ob diese Ungenauigkeit auch im Berliner Vertrag zu finden ist, wird im Folgenden zu analysieren sein. Grundsätzlich lässt sich jedoch mit Lenk als eine mögliche Folge vermuten: „Aufgrund sich einpendelnder Kooperation können sich bei bestimmten Geschäftsprozesstypen problematische Situationen des Rückzugs der Polizei ergeben, so dass dieser die Prozessherrschaft entgleitet“[162]. Dies könnte vor allem dort der Fall sein, wo die Polizei nur die spezifische Ressource „hoheitliches Handeln“ in einen Prozess einbringt, dessen Ablauf von anderen Akteuren wie z.B. Kaufhausketten,

158 Expertenkommission Staatsaufgabenkritik (2001:a), S. 198.
159 Ebd.
160 Vgl. Lenk, Klaus (1998): New Public Management in der eingreifenden Verwaltung, in: Lenk, Klaus / Prätorius, Rainer (Hrsg.): Eingriffsstaat und Öffentliche Sicherheit. Beiträge zur Rückbesinnung auf die hoheitliche Verwaltung, Baden-Baden, S. 179f.
161 Vgl. ebd.
162 Ebd.

kommunalen Nahverkehrsunternehmen oder Versicherungsgesellschaften bestimmt wird. Dies würde die Polizei auf eine Rolle als verantwortliche Institution für die Gewährleistung, nicht jedoch für den Vollzug der Öffentlichen Sicherheit reduzieren. Darunter könnte auch die Motivation des operativen Polizeipersonals leiden[163]. Die grundlegende Frage, ob die verstärkte Rolle des privaten Sicherheitsgewerbes einen Verlust des staatlichen Gewaltmonopols bewirken könne, ließe sich aus dieser Sicht bestätigen.

4.2. Analyse auf Landesebene Berlin

Am 08.03.2002 wurde in Berlin die Sicherheitspartnerschaft zwischen der Polizei und dem privaten Sicherheitsgewerbe von Polizeivizepräsident Gerd Neubeck und Carsten Baeck vom Arbeitskreis Unternehmenssicherheit (AKUS), der bei der Industrie- und Handelskammer (IHK) angesiedelt ist, unterzeichnet. Die Vorarbeit zu dieser Vereinbarung scheint jedoch schon einige Jahre zurückzuliegen. Nach anonymen Informationen wurde ein solcher Vertrag im Jahre 1999 diskutiert[164]. Möglicherweise orientierte man sich hier bereits an dem bundesweit ersten Kooperationsvertrag aus Düsseldorf im selben Jahr. Die Gründe, warum der Vertrag damals nicht umgesetzt wurde, können heute nicht mehr nachvollzogen werden[165]. Der Interviewpartner der Polizei verneinte diesen ersten Plan grundsätzlich. Nach seiner Meinung könnten damals maximal erste Kontaktgespräche stattgefunden haben, ein solcher Vertrag sei jedoch nicht geplant worden[166]. Die Angaben widersprechen sich hier. Der Vorgang ist heute nicht mehr nachprüfbar.

Im Oktober 2000 stellte der damalige Berliner Innenstaatessekretär Rüdiger Jakesch auf einer Tagung der Kriminalpolizei in Berlin öffentlich fest, dass die staatlichen Sparzwänge „es gebieten, bei der Öffentlichen Sicherheit auch die privaten Sicherheitsunternehmen einzubeziehen, vielleicht nicht auf Augenhöhe“[167]. Die finanziellen Probleme des öffentlichen Haushalts Berlins, welche hier insbesondere durch den

[163] Vgl. Lenk, a.a.O. S. 179f.
[164] Zustimmend auch Berliner Landesgruppenchef des BDWS, Hartmut Noll, vom 06.11.2003, Anlage 3.
[165] Vgl. Anlage 3.
[166] Vgl. Anlage 4.
[167] Diederichs, Otto: Wachdienste werden hoffähig, in: taz, o.Nr., 2.10.2000., o.S.

Bankenskandal von 2001 diskutiert wurden, waren somit der wesentliche Grund, um ein stärkeres Engagement des privaten Sicherheitsgewerbes anzustreben.

Zur selben Zeit beschäftigte sich die Expertenkommission Staatsaufgabenkritik unter der Leitung von Rupert Scholz (CDU), eingesetzt von der Großen Koalition des Berliner Senats am 14.03.2000, mit Vorschlägen für eine „strukturelle Veränderung der Berliner Verwaltung, die dem neuen Bild staatlicher und kommunaler Tätigkeiten entsprechen"[168]. Die Konturen dieses „neuen" Bildes werden dabei nicht näher erklärt. Es lässt sich davon ausgehen, dass es sich um das Leitbild des sogenannten aktivierenden oder schlanken Staates handelt, der sich im Gegensatz zu früher für weitaus weniger Aufgabenfelder verantwortlich zeigt. Dieses „neue" Leitbild wird hier bereits als politische Tatsache vorausgesetzt.

Die Kommission hatte insbesondere den Auftrag, zu untersuchen, „ob Aufgaben weiter und im bisherigen Umfang wahrgenommen werden sollen"[169]. Sie sollte „Vorschläge machen, wie ein wirkungsvoller Beitrag zur Hauhaltskonsolidierung durch Abbau von Ausgaben des Landes Berlin zu erreichen ist"[170]. Privatisierung und insbesondere *Outsourcing* wurden dabei als zentrale Instrumente zur Konsolidierung der öffentlichen Haushalte gesehen[171]. Ein Mitglied der Expertenkommission Staatsaufgabenkritik war der Aufsichtsratsvorsitzende von Securitas Deutschland Dr. Jürgen Linde[172].

Damit hatte konkret ein wichtiger Akteur der Branche die Möglichkeit, im Rahmen einer Kommission, die Leitlinien für politische Strategien entwickeln soll, seine Vorstellungen über eine künftige Rolle der Branche einfließen zu lassen. Eine detaillierte Analyse der Vorschläge im Rahmen des akteurzentrierten Institutionalismus zur Erklärung politischer Strategien und Entscheidungen würde den Rahmen der Studie sprengen[173]. Gleichwohl müssen alle Empfehlungen der Expertenkommission vor diesem Hintergrund gesehen werden. Es ist nicht verwunderlich, dass sich die Emp-

---

168 Expertenkommission Staatsaufgabenkritik (2001:a), S. 195.

169 Ebd.

170 Ebd.

171 Die Aufgabenstellung bezog sich nicht nur auf den Bereich der Sicherheitsdienstleistungen, sondern auf verschiedene Politikfelder wie Wirtschaft, Gesundheit, Bildung.

172 Vgl. Brunst (2004), S. 12f.

173 Vgl. Scharpf, Fritz W.: Interaktionsformen. Akteurzentrierter Institutionalismus in der Politikforschung, Opladen 2000, S. 84 ff.

fehlungen der Kommission mit der Analyse künftiger Tätigkeitsfelder von Seiten des privaten Sicherheitsgewerbes decken[174]. Verwunderlich ist es dagegen, dass in der Pressemitteilung der Senatsverwaltung für Inneres zur Einsetzung der Kommission am 14.03.2003 Jürgen Linde nicht in seiner Führungsfunktion von Securitas Deutschland aufgeführt wird[175]. Seine Tätigkeit wurde lediglich mit dem Vermerk „ehemaliger Chef der Senatskanzlei Brandenburg" erklärt. Bei anderen Kommissionsmitgliedern sind die Firmen erwähnt[176]. Es lässt sich vermuten, dass die Senatsverwaltung einen möglichen Vorwurf institutioneller Verflechtungen umgehen wollte.

Am 23.11.2001 stellte die Kommission ihre Ergebnisse vor[177]. In Bezug auf Sicherheitsdienstleistungen definiert sie eine Fülle polizeilicher Aufgaben der Polizei als sekundär und empfiehlt, diese an Private zu übergeben bzw. Private als Ergänzung der Polizei stärker in das System der Öffentlichen Sicherheit einzubinden.

Im Besonderen sind dies[178]:

- „Unterstützung bei Präventionsmaßnahmen", die Polizei sei hier von „nachrangigen Überwachungsaufgaben" zu entlasten, damit das präventive Potenzial der Polizei im *high-level-Bereich* wie Organisierte Kriminalität (OK), Wirtschaft-, Jugendkriminalität gebündelt wird und „schlagkräftig zum Einsatz kommt"
- „Bekämpfung der Alltags- und Straßenkriminalität", die Polizei sei hier allein nicht mehr in der Lage, gegen die „massenhaften Rechtsbrüche im Alltag wirkungsvoll vorzugehen"
- „Überwachung von Ordnungsrecht", der Rückgriff auf Private als Verwaltungshelfer oder beliehene Hoheitsträger sei hier „unausweichlich"

---

174 Vgl. u.a. Olschock, a.a.O. S. 17ff.

175 Pressemeldungen des Landes, unter: http://www.berlin.de/senfin/Presse/Alt/140300_1.html, Zugriff vom 20.01.2004.

176 Ebd.

177 Expertenkommission Staatsaufgabenkritik (2001:b): Abschlussbericht, unter: http://www.berlin.de/imperia/md/content/verwaltungsmodernisierung/AbschlussberichtExpertenkommission, Zugriff vom 01.11.2003.

178 Alle Zitate im eingerückten Abschnitt beziehen sich auf: Expertenkommission Staatsaufgabenkritik (2001:b), S. 112-114.

- „Entlastung bei Verkehrsaufgaben", die Polizei könne hier durch die Aufnahme leichter Unfälle durch Private sowie einer Einbeziehung in den ruhenden und fließenden Verkehr erheblich entlastet werden
- „verstärkte Unterstützung bei Veranstaltungen und Versammlungen"
- „Privatisierung des Objektschutzes von Polizeidienstgebäuden" im Rahmen eines Pilotprojektes.

Neben den finanziellen Gründen wird in dem Papier immer wieder betont, dass die Polizei nicht mehr oder nur noch „unter äußerster Kraftanstrengung" im Stande sei, das Lagebild der Öffentlichen Sicherheit noch aufrecht zu erhalten[179]. Das Attribut der „massenhaften" Ordnungsverstöße und Straftaten taucht hier überproportional auf. Eine finanzielle und inhaltliche Überforderung der kommunalen Träger werden als Gründe für eine Privatisierung genannt und kombiniert.

Auch ohne eine detaillierte Untersuchung der Empfehlungen vorzunehmen, lässt sich sagen, dass hier hoheitliche Befugnisse (Eingriffsbefugnisse gegenüber Dritten) im Bereich der Gefahrenabwehr und Kriminalprävention berührt werden. Nach Art.33 Abs.4 GG dürfen diese jedoch nur Beamte, also hier die Polizei, ausüben. Eine Umsetzung der Empfehlungen – wobei die Instrumente der Beleihung oder der Einsatz als Verwaltungshelfer hier noch nicht diskutiert werden können – hätte einen eindeutigen Verlust des Gewaltmonopols zur Folge.

Die Kommission Staatsaufgabenkritik gab an die Senatsverwaltung für Inneres und Justiz die Aufgabe, gemeinsam mit „externen Sachverständigen" – Vertreter des privaten Sicherheitsgewerbes sollten auch hier in die Konzeption eingebunden werden – bis zum 30.06.2002 ein integriertes Gesamtkonzept „Verbund Polizei und private Sicherheitsdienste" vorzulegen[180]. Dieses Verbundkonzept wurde nicht umgesetzt. Die Gründe dafür können nicht nachvollzogen werden[181]. Zu vermuten ist, dass Punkte

---

179 Expertenkommission Staatsaufgabenkritik (2001:b), S. 110.

180 Vgl. ebd. S. 113.

181 u.a. anonymes Telefongespräch Senatsverwaltung für Inneres Abteilung Öffentliche Sicherheit vom 06.09.2003.

wie die umfangreiche Übertragung von Ordnungsrecht auch in der Senatsverwaltung auf Widerstand stießen[182].

Der Aufsichtsratsvorsitzende von Securitas Deutschland Jürgen Linde benennt nach wie vor die vorgeschlagenen Optionen als wichtige Instrumente zur Gestaltung einer wirksamen und kostengünstigen Sicherheitsarchitektur[183]. Insbesondere die Privatisierung des polizeilichen Objektschutzes scheint mittlerweile Erfolg zu haben. Nach Auskunft der Berliner Senatsveraltung für Inneres vom 26.11.2003 bestehe „nach wie vor die Absicht, den Objektschutz für bestimmte polizeiliche Einrichtungen durch private Sicherheitsdienste in einem Pilotprojekt zu erproben“[184].

Auch wenn die Vorschläge der Expertenkommission Staatsaufgabenkritik nicht kongruent umgesetzt wurden, so bildet das Papier doch einen wichtigen Meilenstein auf dem Weg des privaten Sicherheitsgewerbes in das System der Öffentlichen Sicherheit in Berlin. Zum einen wurde die Erforschung von Privatisierungsmöglichkeiten polizeilicher Aufgaben eindeutig als Handlungsauftrag von der damaligen Regierung Berlins benannt. Zum anderen lässt sich davon ausgehen, dass der Abschlussbericht auf der Zustimmung aller Kommissionsmitglieder basiert. Vertreterinnen und Vertreter verschiedener politischer Parteien, Expertinnen und Experten aus Wissenschaft, freiem Unternehmertum und (natürlich) der Sicherheitsbranche stimmten demnach Ende 2001 einer Privatisierung polizeilicher Aufgaben sowie einer Übertragung hoheitlicher Befugnisse zu.

Fast zeitgleich mit der Veröffentlichung der Kommissionsempfehlungen wurde die Koalitionsvereinbarung der Berliner Regierung aus SPD und PDS verabschiedet. Eine Zusammenarbeit zwischen Polizei und privatem Sicherheitsgewerbe wird darin in Erwägung gezogen. Es wird zwar betont, dass das staatliche Gewaltmonopol unange-

---

182 Vgl. Senatsverwaltung für Inneres Abteilung Öffentliche Sicherheit: Stellungnahme zum Antrag der FDP-Fraktion, Abgeordnetenhaus Berlin Drs. 15/ 1227.

183 Linde, Jürgen (2003): Vortrag: Neue Architektur der inneren Sicherheit, auf dem Symposium „Mehr Sicherheit für Unternehmen. Aber wie?“ Aus Anlass des 100jährigen Bestehens der Münchener Wach- und Schließgesellschaft, am 28.03.2003 in München Bogenhausen, unter: http://www.bdk.de/meldungen/m08042003.php, Zugriff vom 19.01.2004.

184 Vgl. Brunst (2004), S. 16.

tastet bleibt[185]. Im Bereich originär staatlicher Aufgaben gebe es für private Sicherheitsdienste keinen Raum. Allerdings solle die Abstimmung zwischen Unternehmen der Sicherheitsbranche und der Polizei da, wo sie „sinnvoll" sei, unterstützt werden[186]. Konkretisiert wird dieser allgemeine Maßstab in dem sechszeiligen Abschnitt nicht.

Die Sicherheitspartnerschaft zwischen der Polizei und dem privaten Sicherheitsgewerbe wurde nur vier Monate nach der Veröffentlichung der Empfehlungen der Expertenkommission Staatsaufgabenkritik abgeschlossen. Offenbar gingen die beteiligten Akteure hier selbstständig und schneller eigene Wege, anstatt ein von mehreren Senatsverwaltungen verabschiedetes Verbundkonzept entwickeln zu müssen. Der politische Auftrag für die Sicherheitspartnerschaft ergibt sich nach Meinung des Vertreters der Polizei aus der Beschlussfassung der o.g. Tagung der IMK vom 02.02.2000[187]. Zwar sind diese Beschlüsse nicht bindend, es lässt sich jedoch vermuten, dass die allgemeine Haltung sowohl in der Berliner Polizei als auch in der Senatsverwaltung für Inneres zu dieser Zeit eine Zusammenarbeit mit dem privaten Sicherheitsgewerbe unterstützte.

---

185 Koalitionsvereinbarung SPD / PDS Berlin 2001, Abschnitt Polizei und private Sicherheitsdienste, unter: http://www.berlin.de/rbmskzl/landesregierung/Koalitionsvereinbarung/abss6.html, Zugriff vom 01.11.2003.

186 Vgl. ebd.

187 Vgl. Anlage 4.

5. Die Sicherheitspartnerschaft zwischen Polizei und privatem Sicherheitsgewerbe in Berlin

5.1. Der formale Vertrag der Kooperationsvereinbarung[188]

Anlass und Ziel der Vereinbarung

Die Gewährleistung der Inneren Sicherheit wird als gesamtgesellschaftliche Aufgabe definiert. In diesem Sinne und unter Bezugnahme auf die „Erklärungen des Deutschen Bundestages sowie der Innenministerkonferenz (IMK) wird deshalb das Zusammenwirken aller gesellschaftlichen Kräfte gefordert". Dabei werden „ausdrücklich auch die Wirtschaft und die privaten Sicherheitsdienste in den Kommunen angesprochen".

Als Ziel der Partnerschaft wird formuliert, „die Polizei in Berlin durch die Einbindung der Ressourcen privater Sicherheitsdienste zu unterstützen und die Sicherheit in Berlin dadurch zu erhalten und zu verbessern".

Ergänzung des polizeilichen Lagebildes

Es wird davon ausgegangen, dass die beteiligten Unternehmen „u.a. im Rahmen des Objektschutzes und des Revierdienstes zahlreiche und vielfältige Informationen gewinnen, deren Kenntnis für die Polizei von Bedeutung sein könnte". Zur Erstellung eines ganzheitlichen Sicherheitslagebildes durch die Polizei erklären sich deshalb die beteiligten Unternehmen bereit „bei aktuellen Anlässen eigene Erkenntnisse der Polizei unmittelbar oder über den AKUS zur Verfügung zu stellen, soweit dies zur Wahrung berechtigter Interessen oder im öffentlichen Interesse erforderlich sowie unter Beachtung der Datenschutzgesetze zulässig ist".

Demgegenüber verpflichtet sich die Polizei, soweit sie „ihrerseits Informationen gewinnt, die über den konkreten Einzelfall für die Sicherheitsbelange der Unternehmen relevant sind", diese über den AKUS an die gewerbliche Wirtschaft weiterzugeben.

Gemeinsame Sicherheitsbesprechungen

Mindestens zweimal im Jahr sollen gemeinsame Sicherheitsbesprechungen zwischen den Unternehmen und dem AKUS stattfinden. Dazu werden auch Vertreter der Polizei geladen.

---

188 Das Dokument ist als Anlage 1 beigefügt. Alle in diesem Abschnitt in angeführten Zitate ohne Fußnoten beziehen sich auf Anlage 1.

Gemeinsame Einsatzzentrale der beteiligten Unternehmen

Als gemeinsamen Ansprechpartner für die Polizei stellen die Unternehmen eine ihrer 24 Stunden erreichbaren Einsatzzentralen zur Verfügung. Die Bereitstellung erfolgt im jährlichen Rotationsprinzip, beginnend mit der Firma Gegenbauer Sicherheitsdienste GmbH in Kreuzberg.

Zusammenwirken im täglichen Dienst

Die beteiligten Unternehmen erklären sich bereit, „die Polizei auf deren Ersuchen bei Fahndungen oder anderen besonderen Ereignissen durch eigene präventive Maßnahmen oder Mitteilungen von Erkenntnissen zu unterstützen". Des Weiteren sind die Unternehmen bereit „den Bürgern als Ansprechpartner für die Weitergabe von Informationen und Hilfeersuchen an die Polizei zur Verfügung zu stehen".

Beteiligte Unternehmen

- Allgemeine Sicherheits- und Kontrollgesellschaft mbH Berlin (ASK)
- B.O.S.S. Sicherheitsdienste und Service GmbH
- Deutscher Schutz- und Wachdienst (DSW)
- Peter Dussmann GmbH
- Gegenbauer Sicherheitsdienste GmbH
- Industrie- und Handelsschutz (IHS)
- Kötter Security
- Piepenbrock Sicherheitsdienste
- Securitas GmbH & Co. KG

Auswahlkriterien

- mindestens 100 festangestellte Mitarbeiter
- dreijährige Tätigkeit am Markt
- weisungsbefugte Einsatzzentrale, die 24 Stunden besetzt ist
- anforderungsgerechte technische Ausstattung
- ISO-Zertifizierung nach DIN EN ISO 9001 ff.

Die Gewährleistung von Qualifikationsstandards soll über die o.g. Kriterien erreicht werden. Eine Überprüfung dieser Standards untersteht dem AKUS. Zudem vereinbaren die beteiligten Unternehmen eine gemeinsame Ausbildung der eingesetzten Mitarbeiter sowie einen wechselseitigen Informationsaustausch.

Die Vereinbarung trat mit ihrer Unterzeichnung am 08.03.2002 in Kraft. Dem Abgeordnetenhaus von Berlin wurde die Vereinbarung zur Kenntnisnahme vorgelegt. Die einzige Behandlung in diesem Gremium war eine Diskussion im Ausschuss für Innere Sicherheit und Ordnung am 24.06.2002 auf Antrag der CDU[189]. Die Oppositionsparteien CDU und Grüne kritisierten hier eine Übertragung hoheitlicher Aufgaben in gemeinsamen Fahndungen und die fehlende Trennschärfe im Aufgabenbereich Zusammenwirken im täglichen Dienst[190].

Im Mai 2002 wurde die vereinbarte zentrale Leitstelle eingerichtet. Am 18.02.2003 wurde ein erster „Erfahrungsbericht zum einjährigen Bestehen der Sicherheitspartnerschaft zwischen der Polizei in Berlin, dem AKUS und den privaten Sicherheitsdiensten“ erstellt. Da dieses Fazit den realen Prozess der Partnerschaft widerspiegelt und wichtige Informationen für die Analyse des Vertrages liefert, soll es im Folgenden kurz skizziert werden.

5.2. Der Erfahrungsbericht zum einjährigen Bestehen der Sicherheitspartnerschaft[191]

Der vorliegende Bericht wurde vom Polizeipräsidium auf der Basis seiner Informationen und der des AKUS erstellt. In dem Bericht kommt man zu dem Schluss, dass die Erwartungen an einen dichten Informationsfluss und an eine effiziente Zusammenarbeit der beteiligten Akteure nicht erfüllt wurden[192]. Zum einen habe dies logistische und technische Gründe. Auf der Seite der Polizei „scheiterte die Einrichtung eines vernetzten PC-Systems bisher an den baulichen und finanziellen Rahmenbedingungen der Polizeibehörde“.

Auf der Seite des privaten Sicherheitsgewerbes war die sofortige Weitergabe und Umsetzung bestimmter sicherheitsrelevanter Informationen an die dezentral geführten Firmen trotz der neu eingerichteten, durchgängig besetzten Leitstelle aufgrund technischer Probleme nicht möglich. Zudem erhielt die Polizei nicht die von ihr er-

---

189 Vgl. Inhaltsprotokoll InnSichO, Tagungsordnungspunkt 3, 24.06.2002, Abgeordnetenhaus Berlin Drs. 15/11.

190 Vgl. ebd.

191 Das Dokument ist als Anlage 2 beigefügt. Alle in diesem Abschnitt aufgeführten Zitate ohne Fußnoten beziehen sich auf Anlage 2.

192 Demgegenüber erklärte der Interviewpartner des BDWS, dass der Informationsfluss sehr gut funktioniere – Anlage 3.

warteten Meldungen. Von der Leitstelle des privaten Sicherheitsgewerbes wurden vornehmlich Meldungen weitergeleitet, die bereits über den polizeilichen Notruf bei der Polizei bekannt waren. Insgesamt gingen im ersten Jahr 25 Meldungen von vier Unternehmen ein. Inhaltlich betrafen die Meldungen Sachverhalte, die bei Revierfahrten und im Objektschutz an den jeweiligen Objekten festgestellt wurden und zum vertraglichen Aufgabenspektrum des privaten Sicherheitsgewerbes gehören.

Im Erfahrungsbericht kommt man zu dem Schluss, dass bisher kaum relevante Informationen von der Leitstelle an die Polizei weitergegeben werden konnten. „Zur Erweiterung des allgemeinen polizeilichen Lagebildes konnten die Informationen nicht genutzt werden". Darüber hinaus existiere bei den Mitarbeitern in der zentralen Leitstelle eine „gewisse Unsicherheit bezüglich der von ihnen erwarteten Informationsinhalte". Möglicherweise hat hier der allgemeine Begriff der sicherheitsrelevanten Informationen und die nicht benannte Leistungstiefe des öffentlichen Polzierens eher eine kontraproduktive Wirkung.

Die entscheidende Ursache für das schleppende Meldeverhalten liegt nach Einschätzung der beteiligten Akteure jedoch darin, dass „es die Unternehmen trotz Belobigungen und finanzieller Anreizsysteme nicht vermocht haben, die Mitarbeiter für zusätzliche Aufgaben außerhalb ihres eigentlichen Arbeitsvertrages und Aufgabenspektrums zu motivieren". Knappe Personal- und Zeitvorgaben des privaten Sicherheitsgewerbes für die Revier- und Objektfahrten „mögen noch ein Übriges beigetragen haben". Umgekehrt wurden von der Polizei an die Leitstelle 39 sogenannte modifizierte Veranstaltungskalender (reduzierte Daten vor Großveranstaltungen) weiter gegeben. Das private Sicherheitsgewerbe wurde bei fünf Fahndungen hinzugezogen.

Zusammenfassend lässt sich sagen, dass der Fluss von Informationen von der Polizei an das private Sicherheitsgewerbe intensiver verlief als umgekehrt. Die von der Polizei erhofften zusätzlichen Informationen zum Lagebild der Öffentlichen Sicherheit wurden nicht erbracht. Damit fungierte die Polizei im ersten Jahr stärker als Informationsgeber an das private Gewerbe als umgekehrt. Insofern hat der Vertrag eher eine Erhöhung der privatwirtschaftlichen Sicherheit bewirkt als der der Öffentlichen Sicherheit. Dieses Resultat widerspricht grundlegend dem erklärten Ziel der Sicherheitspartnerschaft.

Von beiden Seiten wird das vorliegende Ergebnis als Resultat von Anlaufschwierigkeiten eingeschätzt. Technische Probleme, Unsicherheiten bezüglich der unkonkreten Aufgabenstellung von Seiten des privaten Sicherheitsgewerbes sowie die geringe Motivation der Mitarbeiter seien die wesentlichsten Hürden. Das gerade Letzteres aus der branchentypischen geringen Entlohung und Qualifizierung sowie hohem Zeitdruck resultiert, ist naheliegend. Diese Effekte einer gewinnorientierten und kostenreduzierten neoliberalen Beschäftigungsform können an dieser Stelle nicht breiter diskutiert werden.

Erstaunlich ist es jedoch, dass die Firmen sogar Belobigungen und finanzielle Anreize einsetzten, um die Motivation der Mitarbeiter zu erhöhen. Das Interesse, eine Zusammenarbeit mit der Polizei zu intensivieren, ist damit klar erkennbar. Und auch von Seiten der Polizei wird eine Weiterführung der Partnerschaft und eine Optimierung der Zusammenarbeit befürwortet. Insbesondere soll eine Spezifizierung der Meldeinhalte erfolgen, die interne und externe Öffentlichkeitsarbeit verstärkt und die Fortbildung der privat angestellten Mitarbeiter durch die Polizei unterstützt werden. Von einer starken Einbeziehung des privaten Gewerbes in das System der Öffentlichen Sicherheit lässt sich nach der ersten Auswertung nicht sprechen. Ungeachtet dessen zielt die Partnerschaft auf eine langfristige Zusammenarbeit im politischen Zyklus der Öffentlichen Sicherheit. Als Pilotprojekt, so wie in anderen Städten geschehen, wurde die Partnerschaft in Berlin nicht betrachtet[193]. Im Folgenden soll deshalb die Kooperationsvereinbarung sowohl auf ihren inhaltlichen als auch funktionalen Gehalt hin analysiert werden.

[193] Vgl. Anlage 4.

5.3. Die Dokumentenanalyse der Sicherheitspartnerschaft

5.3.1. Allgemeine Betrachtung

Anders als in den Empfehlungen der Expertenkommission Staatsaufgabenkritik werden in der Vereinbarung keine speziellen Aufgabenfelder der Polizei beschrieben. Deshalb kann nicht von konkretem *Outsourcing* gesprochen werden. Es handelt sich vielmehr um eine allgemeine Übereinkunft, die ein neues Miteinander von Polizei und Privaten regelt und legitimiert.

Aus Sicht der Polizei wird diese Variante der Behandlung einzelner Tätigkeitsfelder vorgezogen[194]. Nach Meinung des Vertreters der Polizei sei die vorliegende Form günstiger, um Aufgaben- und Rechtsbereiche abzugrenzen[195]. Dies könnte ein Grund sein, warum das von der Expertenkommission Staatsaufgabenkritik vorgeschlagene Verbundkonzept nicht realisiert wurde. Vermutlich will sich die Polizei damit nicht dem Vorwurf aussetzen, Aufgaben an Private zu übertragen. Wie der Vertreter der Polizei im Interview betonte, sei eine Übertragung hoheitlicher Aufgaben nicht existent und auch nicht weiter geplant[196]. Doch gerade der ungenaue Arbeitsauftrag entspricht der von Lenk vorgetragenen Kritik, dass die exakte Leistungstiefe polizierender Aufgaben, verstanden als eine exakte Definition der angesprochenen Aufgaben, nicht benannt wird. Daraus könnte sich im schleichenden Prozess der Zurückdrängung der Polizei eine Unterhöhlung des staatlichen Gewaltmonopols entwickeln[197].

Der Landesgruppenchef des BDWS führte aus, dass er eine Konkretisierung von Aufgabenfeldern präferiert hätte[198]. Zudem geht er davon aus, dass künftig verstärkt polizeiliche Aufgaben an die Privaten übertragen werden[199].

Im Unterschied zu anderen Kooperationsverträgen wurde das private Sicherheitsgewerbe in Berlin nicht vom Dachverband BDWS, sondern vom AKUS, angesiedelt bei der Berliner IHK, unterzeichnet. Der Berliner Landesgruppenchef des BDWS Hartmut Noll sieht als Grund hierfür die damalige Schwäche des Berliner Verbandes.

194 Vgl. Anlage 4.
195 Vgl. ebd.
196 Vgl. ebd.
197 Vgl. Lenk, a.a.O. S. 180.
198 Vgl. Anlage 3.
199 Vgl. ebd.

Dies hätte sich jedoch geändert, heute wäre der BDWS wahrscheinlich der Ansprechpartner[200]. Ein weiterer Grund könnte in dem Umstand liegen, dass Werner Gegenbauer, Geschäftsführender Gesellschafter der Gegenbauer & Co. KG, Teil der Gegenbauer Sicherheitsdienste GmbH, auch der Präsident der Berliner IHK ist[201]. Zwar ist die Gegenbauer Sicherheitsdienste GmbH auch im BDWS vertreten, aber durch die personelle Einheit auf Führungsebene ist die Wahl des AKUS als Kooperationspartner naheliegend. Zudem ist es ein erklärtes Ziel der Branche, wirtschaftliche Argumente und ihre Rolle als Arbeitgeber stärker in den politischen Diskurs einzubringen[202]. Eine aktive Rolle des AKUS ist damit nur zwangsläufig.

5.3.2. Informationsaustausch

Welche Informationen ausgetauscht und weitergegeben werden, wird in der Vereinbarung nur sehr allgemein beschrieben. Man beschränkt sich auf die Bezeichnung „vielfältige und sicherheitsrelevante Informationen"[203], welche unter Beachtung der Datenschutzgesetze zulässig sind. Die Weitergabe personenbezogener Daten wird abgelehnt[204]. Die allgemeine Beschreibung der Informationen kann zum einen – wie im Erfahrungsbericht gezeigt – zu Unsicherheiten auf Seiten des privaten Sicherheitsgewerbes und zu Kontraproduktivität im Meldeverhalten führen. Zum anderen lässt sich dadurch schwer nachprüfen, inwieweit datenschutzgesetzliche Bestimmungen in der Praxis tatsächlich betroffen sind. Das Büro des Berliner Beauftragten für Datenschutz und Informationsfreiheit wurde nicht über die Vereinbarung einer Sicherheitspartnerschaft informiert. Die Mitarbeiterinnen und Mitarbeiter haben aus der Presse erfahren, dass eine solche Vereinbarung beabsichtigt war[205]. Damit lässt sich zwar nicht unterstellen, dass datenschutz-gesetzliche Bestimmungen unterlaufen werden. Es kann jedoch eine Missachtung oder Ignoranz der datenschutzgesetzlich zuständigen Institution gesehen werden.

---

200 Vgl. Anlage 3.

201 Vgl. IHK Berlin (2000): Konstituierende Sitzung der IHK Vollversammlung, in: Berliner Wirtschaft Juli / August 2000, hier unter: http://www.berlin.ihk24.de/share/bw_archiv/bw2000/0007018a.htm, Zugriff vom 19.01.2004.

202 Vgl. Brunst (2004), S. 30ff.

203 Vgl. Anlage 1.

204 Vgl. Anlage 2.

205 Schriftliche Anfrage an den Berliner Beauftragten für Datenschutz und Informationsfreiheit vom 11.11.2003.

5.3.2.1. Grundlegende Kontrollprobleme des privaten Sicherheitsgewerbes

Allgemein bestehen grundsätzliche Probleme bei der Überprüfung des Vollzuges vorhandener Rechtsvorschriften durch das private Sicherheitsgewerbe. Sie unterliegen keiner besonderen strafrechtlichen Verfolgbarkeit. Ihnen fehlt die beamtenrechtliche Bindung sowie die demokratische Kontrolle[206]. Das private Sicherheitsgewerbe wird durch die Gewerbeaufsicht kontrolliert. Doch diese Kontrollmechanismen greifen zu kurz, denn sie beziehen sich nicht vorrangig auf die alltäglichen Problemlagen des Sicherheitsgewerbes[207].

Überwachungsmaßnahmen richten sich z.B. zentral an den Gewerbetreibenden. Gefahren für Dritte gehen jedoch weniger von ihm als vielmehr von seinen Angestellten aus[208]. Ebenso orientiert sich das Nachschaurecht nach §29 II GewO nur auf die Gewerberäume des Gewerbetreibenden. Da Gefahren jedoch am zu schützenden Objekt oder Subjekt zu vermuten sind, verfehlt es den zentralen Kontrollbereich[209]. Überwachungsprobleme ergeben sich ferner auch daraus, dass insbesondere im öffentlichen Raum oft mehrere Unternehmen nebeneinander agieren. Bis vor kurzem war deshalb die Zurechnung von Fehlverhalten aus Gründen mangelnder besonderer Kennzeichnungspflicht oft nicht möglich[210].

Mit der Novellierung des Bewachungsgewerberechts vom 26.07.2002[211] wurde die Kennzeichnungspflicht verstärkt. Seitdem müssen alle Wachpersonen, die Kontrollgänge im öffentlichen Verkehrsraum oder in anderen Hausrechtsbereichen mit tatsächlich öffentlichem Verkehr durchführen oder als Eintrittskontrolleure von Diskotheken beschäftigt sind, ein Namensschild tragen[212]. Aus eigener Beobachtung wird diese Regelung in Berlin jedoch nicht umfassend umgesetzt.

Auch die Zuverlässigkeitsprüfung der Beschäftigten wurde im neuen Gesetz verstärkt. Bisher wurden Angestellte nur zu Beginn ihrer Tätigkeit auf ihre Zuverlässigkeit überprüft. Eine spätere Kontrolle der Zuverlässigkeit war nicht möglich. Mit der

---

206 Vgl. zusammenfassend: Roßnagel, a.a.O. S. 59ff.
207 Vgl. Nitz, a.a.O. S. 140f.
208 Vgl. Nitz, a.a.O. S. 140f.
209 Vgl. ebd.
210 Vgl. ebd.
211 Vgl. Gesetz zur Änderung des Bewachungsgewerberechts vom 26.07.2002, a.a.O.
212 Vgl. ebd.

neuen Verordnungsermächtigung ist das Gewerbeamt dazu nun berechtigt[213]. Außerdem sollen die Gewerbeämter künftig von Gerichten und Staatsanwaltschaften über zuverlässigkeitsrelevante Verurteilungen, Haftbefehle und Anklageerhebungen gegen Wachpersonal informiert werden. Das Gewerbeamt hat zudem die Möglichkeit, dem Unternehmer direkt die Beschäftigung eines bestimmten Angestellten im Falle fehlender Zuverlässigkeit zu untersagen[214]. Das neue Verfahren zielt ausdrücklich auf eine punktuelle, zielgenaue Zuverlässigkeitsabfrage[215]. Eine pauschale, turnusmäßige Zuverlässigkeitsüberprüfung aller in der Branche tätigen Personen (geschätzt wurden an dieser Stelle 140.000 Angestellte) würde die Prüfkapazitäten der Gewerbeämter übersteigen[216].

Damit werden zwar die Eingriffsmöglichkeiten der Gewerbeaufsicht ausgeweitet, eine flächendeckende Prüfung im zentralen Kontrollbereich der Angestellten wird jedoch nicht umgesetzt. Die Gewerbeämter sind z.B. abhängig von den Meldungen der Gerichte und Staatsanwaltschaften. Doch inwieweit hier jedes Fehlverhalten zur Anzeige kommt und dieses wiederum umgehend weitergeben wird, ist fraglich.

Grundsätzlich bleibt das Gewerbe den Kontrollmöglichkeiten des Gewerbeamtes unterstellt. Bereits 1982 stellte das Bundesinnenministerium hier basierend auf dem damaligen Regelungsbestand fest, „dass die tatsächliche regelmäßige Ausübung der vorhandenen Kontrollmöglichkeiten nicht immer gewährleistet ist“[217]. Nach vorliegendem Forschungsstand hat sich daran bis heute nicht viel geändert.

Schnekenburger fordert deshalb eine „engere Zusammenarbeit zwischen den Gewerbeüberwachungs- und polizeilichen Vollzugsbehörden bei der Aufsicht über das Bewachungsgewerbe“[218]. Er stuft die Polizei als wesentlich sachnäher ein. Im Endeffekt würde dies jedoch wiederum zu einer Aufgabenerweiterung der Polizei führen und damit das Argument der Entlastung der Polizei entkräften. Grundsätzlich unterstehen auch die Angestellten des privaten Sicherheitsgewerbes der Kontrolle der Polizei im

---

213 Vgl. Vgl. Gesetz zur Änderung des Bewachungsgewerberechts vom 26.07.2002, a.a.O.

214 Vgl. ebd.

215 Vgl. ebd.

216 Vgl. ebd.

217 Bericht zur Wahrnehmung der von Wach- und Sicherheitsaufgaben (1982), in: Innere Sicherheit, Nr. 64, S. 28 – 38, zitiert in: Schnekenburger, a.a.O.

218 Ebd. S. 264.

Rahmen der Wahrung der Öffentlichen Sicherheit und Ordnung, z.B. bei Fehlverhalten oder Tätlichkeiten. Eine eindeutige institutionelle Zuweisung als Kontrollorgan könnte problematisch gerade im Hinblick auf Sicherheitspartnerschaften sein. Vereint die Polizei die Funktionen des Partners und des Kontrollierenden auf sich, so ist zu vermuten, dass die Kontrolle des Partners parteiisch verlaufen könnte.

Anzeichen dafür finden sich schon anhand der gemeinsamen Auftritte im Stadtraum. So wurde Herrn Joachim Z. in einer Kasseler Einkaufspassage ein förmliches Hausverbot erteilt[219]. Dazu forderten ihn die Sicherheitsangesellten auf, seine Personalien vorzuzeigen. Als Joachim Z. dies verweigerte, wurde er wegen unkooperativen Verhaltens am Verlassen des Geländes gehindert, bis zwei Polizeibeamte der mobilen Wache eintrafen. Die Beamten verhielten sich gegenüber den Sicherheitsbeamten unkritisch und unterstützten deren Vorgehen[220]. Damit verstießen die Polizisten sowohl gegen das Grundrecht des Betroffenen auf informationelle Selbstbestimmung als auch gegen ihren beruflichen Neutralitätsgrundsatz. Nach vorliegendem Material ist diese Vorgehensweise kein Einzelfall[221].

5.3.2.2. Aspekte des Datenschutzes

Polizeiliche Maßnahmen der Gefahrenabwehr und der Kriminalprävention finden oft unter starkem zeitlichem Druck statt. Im Sinne einer schnellen und praktikablen Zusammenarbeit könnte deshalb hier die Möglichkeit bestehen, dass im Informationsaustausch auch sensible Daten, die den Schutzgesetzen unterliegen, weitergegeben werden. Die Zusammenarbeit zwischen öffentlichen und privaten Akteuren könnte sich hier zu einem modus vivendi entwickeln, welcher die datenschutzrechtlichen Bestimmungen übergeht.

Beispiele dafür finden sich bereits in den gemischten Streifen von BGS und BSG. Eine Feststellung der Identität ist nur den Beamten des BGS erlaubt. Sein privat angestellter Kollege ist dabei jedoch anwesend und nimmt zwangsläufig davon Kennt-

---

[219] Vgl. Brunst, Thomas (1998): Hausverbote und Datenschutz – (k)ein Thema, unter: http://www.safercity.de, Zugriff vom 10.10.2003.

[220] Vgl. ebd.

[221] Vgl. u.a. ebd.

nis[222]. Dieses Verfahren kann als rechtswidrig angesehen werden. Der Datenschutz und insbesondere das Grundrecht auf informationelle Selbstbestimmung werden hier verletzt.

Wie schnell diese Grenzen überschritten werden können, zeigte eine Sendung der Reihe Stern TV[223]. Ein Kamerateam begleitete eine Sicherheitsfirma im ÖPNV in Frankfurt am Main. Eine Mitarbeiterin nannte hier ohne Zögern den Namen und die gewöhnliche Fahrtstrecke einer Person, die „man schon mehrfach erwischt hatte und die in den Unterlagen vermerkt war“[224]. Zum einen nimmt die Firma offenbar eine Speicherung personenbezogener Daten vor. Zum anderen werden diese auch problemlos dem Fernsehen weitergegeben. In doppelter Hinsicht wird hier durch das private Sicherheitsgewerbe der Datenschutz übergangen. Auch Stern TV hat mit dem unverzerrten Ausstrahlen das Grundrecht auf informationelle Selbstbestimmung der betroffenen Person verletzt.

Im Fall Berlin zeigt der Erfahrungsbericht, dass die Weitergabe von Informationen aus der erhofften Umfeldbeobachtung von Kontrollgängen und Revierfahren noch zu keinem Ergebnis geführt hat. Alle Meldungen gingen über den zentralen Notruf der Polizei ein und wurden damit zwangläufig registriert. Umgekehrt gingen zahlreiche modifizierte Veranstaltungskalender von der Polizei an die Unternehmen. Nach Angaben der Polizei wurden mit einer Minimierung der Daten die gesetzlichen Grenzen gewahrt[225]. Besonders in den Anfängen der Partnerschaft hätten sich die Vertreter des privaten Sicherheitsgewerbes grundsätzlich einen größeren Umfang von Informationen erhofft[226]. Mittlerweile seien jedoch die Grenzen des Datenweitergabe akzeptiert. Vergleicht man dieses Ergebnis mit dem geringen Meldeverhalten des privaten Sicherheitsgewerbes und der Angabe der Polizei, dass man sich sehr um eine Weiterführung der Partnerschaft bemühen muss[227], so ließe sich auch folgern, dass die Motivation des privaten Sicherheitsgewerbes nachlässt, weil die erhofften Informationen ausbleiben.

---

222 Vgl. Dicke, Wolfgang (2001): Gemischte Streifen machen Rechtsbruch unausweichlich, in: Deutsche Polizei 50. Jg., H. 3, S. 28ff.

223 Stern TV, Vox vom 28.10.2003.

224 Stern TV, Vox vom 28.10.2003.

225 Vgl. Anlagen 2 u. 4.

226 Vgl. Anlage 4.

227 Vgl. Anlage 4.

5.3.3. Gemeinsame Sicherheitsbesprechungen

Die gemeinsamen Sicherheitsbesprechungen zwischen AKUS und Polizei finden laut Erfahrungsbericht zweimal jährlich statt. Nach Angaben des Berliner Landesgruppenvorsitzenden des BDWS treffen sich die Vertreter der Branche weitaus häufiger, nämlich alle zwei Monate. „Nicht immer, doch in besonderen Fällen ist auch die Polizei anwesend“[228]. Möglicherweise sind damit die im Erfahrungsbericht bezeichneten „zahlreichen Arbeitssitzungen auf Arbeitsebene“ gemeint[229]. Konkret nachvollziehbar sind diese widersprüchlichen Angaben jedoch nicht. Grundsätzlich sind auch die Themen und Daten dieser gemeinsamen Sicherheitsbesprechungen von außen schwer einzusehen und zu kontrollieren. Strukturell zeigen sie jedoch den Verschmelzungsprozess polizeilichen und privaten Vorgehens.

Brunst und Korell sehen in diesen Besprechungen ein Beispiel für „informelle Kommunikationsröhren“[230], bei denen die Grenze des legalen Informationsaustausches sehr schnell überschritten werden kann[231]. Andere Beispiele finden sich in den Tätigkeiten, die auch frühere Polizeieliten im privaten Sicherheitsgewerbe ausführen[232]. So nahm der ehemalige Polizeipräsident von Frankfurt am Main, Wolfhard Hoffmann, kurz nach seiner Entlassung im Herbst 1999 eine Beratertätigkeit beim Sicherheitsunternehmen IHS Holding GmbH auf[233]. Hoffmann hatte als Behördenchef nur wenige Monate vorher die Kooperationsvereinbarung zwischen der Frankfurter Polizei und privaten Sicherheitsdiensten unterzeichnet. Die IHS ist in mehrere Kooperationsabkommen mit der Polizei eingebunden[234].

Des Weiteren ist nachweisbar, dass private Fahndungsbüros zum Großteil ehemalige Polizeibeamte beschäftigen[235]. Die Vermutung, dass Beschäftigte der Polizei im Nebenerwerb bei privaten Firmen arbeiten, kann hier nicht breiter diskutiert werden. Trotzdem lässt sich zusammenfassend feststellen, dass zwischen Polizei und privatem

228 Anlage 3.
229 Anlage 2.
230 Brunst / Korell, a.a.O. S. 73.
231 Vgl. Ebd.
232 Brunst (2004), S. 25ff.
233 Ebd.
234 Ebd.
235 Brunst / Korell, a.a.0. S. 72.

Sicherheitsgewerbe oftmals ein „informelles Beziehungsgeflecht“ besteht, welches sich nicht an der Illegalität zu stören scheint“[236].

Im Gefüge der beteiligten Unternehmen und nach Angaben des Berliner Landesgruppenchefs des BDWS scheinen die Sicherheitsbesprechungen einen Wettbewerbseffekt zu haben. „Dort wird ausgetauscht, wieviel und welche Unternehmen welche Meldungen abgegeben haben. Haben die zum Erfolg geführt? Und da wird auch derjenige schief angeguckt, aus dessen Unternehmenswirkungskreis nicht eine einzige Meldung abgegeben wurde“[237]. Verglichen mit den Angaben des Erfahrungsberichtes können diese „Disziplinierungsmaßnahmen“ nicht besonders gefruchtet haben. Trotzdem ergeben sich die Fragen, ob sich die Unternehmen, welche überdurchschnittlich viele Meldungen weitergeben, einen Standortvorteil erhoffen und vielleicht auch erarbeiten können.

5.3.4. Einbeziehung in hoheitliche Aufgaben

Neben der allgemeinen Zielstellung „Beobachten, Erkennen und Melden“ sollen Private auch zu Fahndungen herangezogen werden. Diese Regelung ist jedoch nicht, wie mitunter vermutet wird, ein Novum der Berliner Partnerschaft, sondern orientiert sich ebenso wie die grundlegende Aufgabenstellung am Düsseldorfer Kooperationsvertrag[238].

Die Fahndung als Element der Täterverfolgung fällt in den Bereich hoheitlicher Aufgaben der Polizei. Die Anwendung von Gewaltbefugnissen gegenüber Dritten ist hier durch die Verfolgung und angestrebte Festnahme gegeben. Eine Einbeziehung bei Fahndungen heißt also, Private an der Erfüllung einer hoheitlichen Aufgabe zu beteiligen. In der Tat könnte das staatliche Gewaltmonopol an dieser Stelle erodiert werden. Beide Interviewpartner betonten hier, dass sich diese Regelung nur auf sogenannte Öffentlichkeitsfahndungen beziehen würde[239]. Diese würden über die Medien veröffentlicht und bedürften keiner weiteren datenschutzrechtlichen Regelung. Eine entsprechende Präzisierung findet sich in der Kooperationsvereinbarung jedoch nicht.

---

236 Brunst, Thomas (1998): Hausverbote und Datenschutz – (kein) Thema, a.a.O.
237 Anlage 3.
238 Vgl. Bülow, Wolfgang (2003): Zusammenwirken zwischen Polizei und privaten Sicherheitsdiensten – Ansätze beim Polizeipräsidium Düsseldorf, in: Die Polizei 91. Jg., H. 3, S. 70.
239 Vgl. Anlagen 3 u. 4.

Nach Angaben des polizeilichen Vertreters und des Erfahrungsberichts wurden im ersten Jahr der Partnerschaft fünf Einsätze bei Fahndungen durchgeführt[240]. Damit wurde das private Sicherheitsgewerbe konkret an hoheitlichen Aufgaben beteiligt.

5.3.5. Status des privaten Sicherheitsgewerbes

Grundsätzlich werden die privaten Sicherheitsfirmen als ergänzende Akteure bei den Aufgaben der Polizei gehandelt. Der Anschein von Gleichrangigkeit wird vermieden. Der Begriff der „Ergänzung“ wird explizit mehrfach ausgeführt. Diese Ergänzungstheorie kann synonym gesetzt werden mit der Bezeichnung des privaten Gewerbes als „Juniorpartner der Polizei“[241]. Der Berliner Landesgruppenchef des BDWS sieht die Funktion des Juniorpartners der Polizei beim Erhalt der Öffentlichen Sicherheit als gegeben an[242].

Diese ergänzende oder juniorpartnerschaftliche Darstellung ermöglicht es, eventuelle Ängste oder Vorurteile in der Öffentlichkeit zu vermindern, dass private Unternehmen eine Dominanz anstreben und Privatarmeen entstehen könnten. Darüber hinaus beinhaltet sie die Behauptung, dass das private Sicherheitsgewerbe die Vorrangstellung der Polizei und damit die Grenzen des staatlichen Gewaltmonopols akzeptiert. Für die Polizei heißt das, dass Befürchtungen ausgeräumt werden, sie könnte ihre Dominanz verlieren, weil sie den Anforderungen nicht mehr gerecht wird. Gleichzeitig erlaubt ihr diese Darstellung jedoch, sich die Kapazitäten und Leistungen des privaten Sicherheitsgewerbes zunutze zu machen[243].

Die Darstellung des privaten Sicherheitsgewerbes als Ergänzung oder Juniorpartner verzerrt das Bild des privaten Sicherheitsgewerbes. Erstens betonen sowohl Vertreter der Branche als auch Vertreter der Politik immer stärker die größer werdende Rolle des Gewerbes als Garant und unverzichtbarer Bestandteil für die Öffentliche Sicherheit[244]. Zweitens impliziert diese Darstellung, dass Private nur mit unwichtigen Aufgaben betraut werden und der Polizei so Freiräume verschaffen, damit diese sich um

240 Vgl. Anlagen 2 u. 4.

241 Kakalik, James S. / Wildhorn, Sorrel (1977): The Private Police: Security and Danger, o.Nr., o.S., zitiert in: Shearing / Stenning (1983), S. 502.

242 Anlage 3.

243 Vgl. zusammenfassend: Shearing / Stenning (1983), S. 502f.

244 Vgl. u.a. Otto Schily, a.a.O.

ernsthaftere Bereiche der Gefahrenabwehr und Kriminalprävention kümmern kann[245]. Sowohl die Empfehlungen der Expertenkommission Staatsaufgabenkritik als auch die Studie von Mahlberg unterstützen diesen Ansatz[246]. Diese Sicht ist nicht gerechtfertigt. Sowohl die Erfolgsmeldungen der Branche als auch ihre Auflistung der Umsatzschwerpunkte zeigen, dass es sich hier keinesfalls nur um sogenannte kleine und unwichtige Aufgabenbereiche handelt. Allein die Privatisierung im Straf- und Maßregelvollzug kann nicht als unwichtiger Aufgabenbereich im System der Sicherheitsdienstleistungen bezeichnet werden. Weiterhin nutzen sie eigenständige Sanktionsmechanismen wie z.B. Hausverbote und Platzverweise.

Drittens suggeriert diese Theorie, dass die Polizei das Vorgehen des privaten Sicherheitsgewerbes lenkt[247]. Dagegen sind es insbesondere im halböffentlichen Raum die privaten Firmen, die als erste mit Problemen konfrontiert werden. Sie haben hier die Möglichkeit zu selektieren und zu bestimmen, was an die Polizei weitergegeben wird und was nicht. Damit lässt sich eher vermuten, dass das private Sicherheitsgewerbe die Polizei lenkt[248]. Durch die im Kooperationsvertrag angestrebte Zusammenarbeit und Aufsicht auch im öffentlichen Raum wird diese Entwicklung verstärkt. Wie bereits von Lenk angedeutet, kann der Polizei hier ihre dominante Rolle entgleiten.

Viertens sind private Sicherheitsfirmen insbesondere aufgrund ihrer technischen Ausrüstung und Informationssysteme keinesfalls die Juniorpartner der Polizei. Im Gegenteil, gerade die hoffnungslos veralteten und teilweise unbrauchbaren Funkgeräte der Berliner Polizei sorgten schon in vielen Berichterstattungen für mitleidiges Kopfschütteln. Weiterhin kann davon ausgegangen werden, dass das private Sicherheitsgewerbe sowohl über eigene Datenbanken sowie weitreichende Informationssysteme verfügt. Mit der Installation des Europäischen Sicherheits- und Informationssystem (EuSIS)[249] im Jahre 1996 wurde eine länderübergreifende Vernetzung sicherheitsrelevanter und kostenpflichtiger Informationen geschaffen. Hier sind Firmen- und Literaturpräsentationen sowie eine Börse mit Stellenmarkt, Kaufgesuchen und Kooperationsangeboten etc. zu finden.

---

245 Vgl. Shearing / Stenning ebd.

246 Vgl. Expertenkommission Staatsaufgabenkritik (2001:b) a.a.O. u. Mahlberg, a.a.O. S. 96.

247 Vgl. Shearing / Stenning ebd.

248 Vgl. Shearing / Stenning (1983), S. 502f.

249 Einzusehen unter: http://www.eusis.de.

Den Schwerpunkt bildet jedoch die Datenbank zur Personen-, Sach- und Ereignisfahndung[250]. Auch die Polizei bzw. der BGS und die Geheimdienste haben bei EuSIS die Möglichkeit, sowohl Informationen zu erhalten als auch eigene Fahndungsaufrufe zu veröffentlichen[251]. Entsprechendes Interesse wurde bereits kurz nach der Einführung des Systems bekundet[252]. Nach vorliegendem Forschungsstand hat sich die Datenbank zwar nicht zu der erhofften wichtigen Informationsquelle entwickelt. Die Möglichkeit, dass hier eine technische Schnittstelle zwischen öffentlichen und privaten Organen der Strafverfolgung und für präventive Maßnahmen geschaffen wird, bestand jedoch[253]. Zusammenfassend zeigen diese Argumente, dass die Bezeichnung der Ergänzung oder Juniorpartnerschaft die Rolle des privaten Sicherheitsgewerbes nicht adäquat wiedergibt. Vielmehr lässt sich von einer Kooperationspartnerschaft zweier bedeutender Akteure sprechen. Sie basiert grundsätzlich auf dem Austausch von Informationen und Dienstleistungen[254]. Dies wiederum ist auch als eindeutiges Ziel in der Sicherheitspartnerschaft von Berlin benannt.

5.3.6. Private Firmen als Bindeglied zwischen Bevölkerung und Polizei

Laut Vertrag sollen private Sicherheitsfirmen verstärkt als Ansprechpartner für die Bevölkerung sowie als Vermittler zwischen ihr und der Polizei fungieren. Nach dem Erfahrungsbericht ist dieser Anspruch jedoch bei weitem noch nicht umgesetzt worden. Der Berliner Landesgruppenchefs des BDWS sieht die Vermittlerfunktion als nicht existent und als „Wunschdenken der Polizei“ an[255]. Auch der Vertreter der Polizei spricht hier von einer „politischen Idealvorstellung“[256]. Schon aufgrund der geringen Resultate der Partnerschaft könne man in Berlin noch lange nicht von einer solchen Konstellation sprechen.

---

[250] Vgl. zusammenfassend Diederichs, Otto (1997): Europäisches Sicherheits-Informationssystem (EuSIS) – eigene Datenbank für privates Sicherheitsgewerbe, unter: http://www.cilip.de/aus gabe/56/eusis.htm, Zugriff vom 10.10.2003.

[251] Vgl. ebd.

[252] Vgl. ebd.

[253] Vgl. ebd.

[254] Vgl. Shearing / Stenning ebd.

[255] Anlage 3.

[256] Anlage 4.

Grundsätzlich jedoch wird dem privaten Sicherheitsgewerbe laut Vertrag eine solche Funktion als Bindeglied zwischen Bevölkerung und Polizei zugestanden[257]. Damit wird sie als langfristiges Ziel definiert. Zum einen unterstützt diese Konstellation die oben angesprochene Funktion der Ergänzung. Eine solche Regelung suggeriert das kooperative Nebeneinander von Polizei und Privaten und kann mögliche Vorurteile über Konkurrenz abbauen. Zum anderen handelt das private Sicherheitsgewerbe in dieser Form nicht mehr nur im Interesse seiner Auftraggeber. Als konkreter Ansprechpartner der Bürgerinnen und Bürger und als Vermittler zur Polizei würde es vielmehr die Interessenlage des Gemeinwohls berühren. Unterstützt wird dieser Gedanke durch die Aufnahme des „öffentlichen Interesses" in den Kooperationsvertrag bei der Weitergabe sicherheitsrelevanter Informationen an die Polizei[258].

Das Öffentliche Interesse spielte bisher in der Handlungsanweisung des privaten Sicherheitsgewerbes keine Rolle. Einerseits könnten sich durch die neue Handlungsmaxime die Kontrollmechanismen erhöhen. Das private Sicherheitsgewerbe könnte sich einen größeren Einfluss im System der Öffentlichen Sicherheit erarbeiten. Andererseits wäre es aber auch möglich, dass die Polizei hier die Kapazitäten des privaten Sicherheitsgewerbes nutzt, um seine eigenen Ressourcen zu schonen, beispielsweise weniger präsent ist in Gegenden, in denen ein hohes Aufkommen privater Sicherheitsangestellter existiert. Laut Angaben des Polizeivertreters ist dies in Berlin nicht der Fall[259]. Trotzdem wird dieser Gedanke unterstützt durch die Tatsache, dass die Aufgaben im Vertrag nur sehr ungenau beschrieben sind. Eine Zusammenfassung der Aufträge unter „Beobachten, Erkennen, Melden", der Ergänzung der Polizei und dem Bindeglied zur Bevölkerung meint im Grunde alle Aspekte der öffentlichen Kontrolle.

Zum einen ergibt sich daraus die o.g. Unsicherheit im Meldeverhalten. Zum anderen könnte es, setzte das private Sicherheitsgewerbe seinen Auftrag intensiv um, durchaus geschehen, dass der Polizei hier die Prozessherrschaft entgleitet[260]. Konkret nachweisbar ist ein solcher Funktionswandel anhand vorliegenden Materials nicht. Er kann hier nur als Vermutung stehen, wird aber gerade von Privatisierungskritikern

---

[257] Vgl. Beste (2000), S. 339f.

[258] Vgl. Anlage 1.

[259] Vgl. Anlage 4.

[260] Vgl. Lenk, a.a.O. S. 180.

unterstützt. So führt Zielasko aus, dass die Polizei, wenn man sie z.B. auf die Kernaufgabe der Strafverfolgung reduziere, kaum noch Aussicht habe, diese mit Erfolg zu erfüllen. Denn dieser Erfolg sei erheblich von den Erfahrungen und den Erkenntnissen aus der präventiven Arbeit und insbesondere auf den engen Kontakt mit der Bevölkerung zurückzuführen[261].

Letzendlich würde diese Entwicklung zu einer Umgestaltung des staatlichen Gewaltmonopols führen und dem Prinzip der Vakuumtheorie entsprechen. Das private Sicherheitsgewerbe füllt dann die Lücken, die aufgrund des Rückzugs der Polizei aus bestimmten Bereichen entstehen. Auf den ersten Blick ergibt sich dadurch tatsächlich ein Verlust des staatlichen Gewaltmonopols.

Bedenkt man jedoch, dass sich durch die geplante enge Zusammenarbeit der Informationsaustausch verstärkt und sich die Kontrollmechanismen verdichten können, so ergibt sich keineswegs eine Schwächung des staatlichen Gewaltmonopols. Die Transformation polizeilicher Zuständigkeit von der Vollzugs- zur Gewährleistungsverantwortung erscheint damit in einem neuen Licht. Staatliche Gewalt nimmt sich gerade nicht zurück, sondern lagert aus und verdichtet sich durch die Zusammenarbeit mit anderen Akteuren. Funk definiert diesen Prozess treffend nicht als Erosion, sondern als „Sublimierung des Gewaltmonopols“[262]. Dies beschreibt die Entwicklung einer beständigen Verfeinerung und Differenzierung der Einsatzinstrumente und Verhaltensformen des staatlichen Gewaltmonopols, zu denen gerade Sicherheitspartnerschaften gehören[263].

---

261 Vgl. Zielasko, Michael (2000): Polizei und Private - eine klärungsbedürftige Beziehungskiste, in: Deutsche Polizei 49. Jg., H. 11, unter: http://www.gewerkschaftderpolizei-online.de, Zugriff vom 05.11.2003.

262 Funk, Albrecht (1986): Polizei und Rechtsstaat. Die Entwicklung des staatlichen Gewaltmonopols in Preußen 1848 – 1914, Frankfurt/Main, S. 324ff., zitiert in: Beste (2000), S. 394.

263 Vgl. Beste (2000), S. 339ff.

5.3.7. Funktionaler Gehalt der Partnerschaft für das private Sicherheitsgewerbe

Von Seiten des privaten Sicherheitsgewerbes wird des öfteren betont, dass Sicherheitspartnerschaften keine Vorteile für die Unternehmen brächten[264]. Insbesondere finanzielle Zusatzeinnahmen seien nicht zu erwarten.

Vorteile sind jedoch eindeutig im Imagebereich zu sehen[265]. Seit den 70er Jahren wirkt in Deutschland das Bild der martialisch auftretenden „Schwarzen Sheriffs" der Münchener U-Bahn-Kontrolleure, welches immer wieder, insbesondere von den Medien, herangezogen wird. Man bemüht sich, dieses Bild zu revidieren und präsentiert sich als flexibler Dienstleister und Garant der Inneren Sicherheit. Eine Vertragspartnerschaft mit staatlichen Vertretern strahlt erheblich positiv auf die Unternehmen ab. Sie wertet sie zum einen als „seriöse" Firmen auf. Sicherheitspartnerschaften stellen einen Vertrauensbeweis von staatlicher Seite dar. Zum anderen werden sie als berechtigter Teilhaber an der Erhaltung der Öffentlichen Sicherheit legitimiert. In diesem Sinne kann man wiederum nicht von einer Erosion des Gewaltmonopols sprechen, vielmehr genießen sie den „Schatten des Leviathans", um ihre Legitimation zu erhöhen[266].

Des Weiteren sind Kooperationsvereinbarungen vor dem Hintergrund wirtschaftlichen Wettbewerbsdrucks zu sehen. Die Ware Sicherheit ist ein heißumkämpftes Gut. Bei steigender Firmenzahl gingen in den vergangenen Jahren die Umsätze zurück. Insbesondere kleine Unternehmen drängen auf den Markt, die Sicherheit zu Dumpingpreisen anbieten. Mit einer Einbindung großer Unternehmen, wie sie im Kooperationsvertrag beschrieben sind, verschaffen sich diese gegenüber den kleineren Unternehmen beträchtliche Standortvorteile.

---

[264] o.V (1999:c): Zusammenarbeit von Polizei und privaten Sicherheitsdiensten, in: Unbequem o.Jg., H. 9, S. 37.

[265] Vgl. auch Anlage 3.

[266] Beste (2000), S. 52.

5.4. Untersuchung der These 2

Das Dokument der Sicherheitspartnerschaft regelt und legitimiert ein neues Nebeneinander von privatem Sicherheitsgewerbe und Polizei in Berlin im Sinne einer *police-private-partnership*. Während eine solche Zusammenarbeit noch in den 80er Jahren gerade von Seiten der Polizei abgelehnt wurde, lässt sich mit der Vereinbarung eine Anerkennung des privaten Sicherheitsgewerbes als Dienstleister für die Öffentliche Sicherheit sowohl von der Polizei als auch von der Regierung Berlins interpretieren.

Die präventive Rolle der Gefahrenabwehr wird für das private Sicherheitsgewerbe klar benannt. Geographische Grenzen werden nicht bezeichnet, somit gilt die Partnerschaft für alle Bereiche des bewachten privaten, öffentlichen und halböffentlichen Raums. Insofern kann Teil 1 der These 2 bestätigt werden: *Die Sicherheitspartnerschaft der Polizei und des privaten Sicherheitsgewerbes in Berlin etabliert die Branche als einen Dienstleister für die Öffentliche Sicherheit.* Nach Beste entwickelt sich damit ein „neuer Dualismus“[267] im System der Öffentlichen Sicherheit.

Die Beschreibung der Aufgaben „Beobachten, Erkennen, Melden“, Ergänzung der Polizei, Tätigkeit im öffentlichen Interesse und Bindeglied zur Bevölkerung sind zu allgemein gehalten, als dass sie einer von Lenk geforderten festgelegten Leistungstiefe polizierender Tätigkeiten, verstanden als die exakte Definition der betroffenen Aufgaben, gerecht werden könnten. Dagegen lässt sich eine schrittweise Einbeziehung in polizeiliche Aufgaben erkennen. Die Möglichkeit, dass die Polizei mittel- oder langfristig an Einfluss verliert und sich damit ein Verlust des Gewaltmonopols insbesondere im öffentlichen Raum vollzieht, ist hier durchaus gegeben.

Betrachtet man jedoch den Umstand, dass Sicherheitspartnerschaften auch von polizeilichen Vertretern initiiert werden und sich diese einen verstärkten Informationsaustausch sowie eine Erhöhung der Öffentlichen Sicherheit erhoffen, so lässt sich eher vermuten, dass das private Sicherheitsgewerbe als zusätzlicher Akteur im Politikfeld agieren soll. Ein Verlust des Gewaltmonopols kann vor diesem Hintergrund nicht gesehen werden.

---

[267] Ebd. S. 390.

Insofern muss Teil 2 der These 2 – *Durch die Einbeziehung des privaten Sicherheitsgewerbes in polizeiliche Aufgaben wird der Einfluss des staatlichen Gewaltmonopols unterhöhlt.* – revidiert werden. Denn auch die Einbeziehung in hoheitliche Aufgaben wie die Fahndungen sagt noch nichts darüber aus, ob sich hier eine Verminderung polizeilicher Zuständigkeit ergibt. Empirisch nachvollziehbar ist dies ohnehin nicht. Zudem widersprechen die Einbindung der Schutzpolizei in die Kriminalbearbeitung und die angestrebte erhöhte Streifentätigkeit im Rahmen des Berliner Modells der Vermutung, dass die Polizei ihre Präsenz und Verantwortung im öffentlichen Raum verringert[268].

Von daher lässt sich die Sicherheitspartnerschaft als Instrument einer zunehmenden Erweiterung kontrollierender Maßnahmen sehen. Sie schafft eine neue Institution, in die private und staatliche Akteure ihre jeweiligen Erkenntnisse und Arbeitsweisen einbringen. Insbesondere durch den geplanten Informationsaustausch und die gemeinsamen Sicherheitsbesprechungen werden eindeutige Instrumente der Vernetzung und Verschmelzung zwischen beiden Akteuren geschaffen. Für die Bevölkerung besteht hier die Gefahr, dass Datenschutzgesetze und insbesondere das Grundrecht auf informationelle Selbstbestimmung verletzt werden können.

Eine Sublimierung des staatlichen Gewaltmonopols beschreibt nach Funk ein beständige Verfeinerung und Ausdifferenzierungen seiner Einsatzinstrumente und Verhaltensformen[269]. In der Schaffung eines neuen Gremiums und spezifisch in seinen einzelnen Arbeitsfeldern können diese Kriterien eindeutig erkannt werden. Teil 2 der These 2 muss dahingehend verändert werden, dass das staatliche Gewaltmonopol eher sublimiert als erodiert wird. Nach Beste bewirkt dieser Prozess eine Vorverlagerung staatlicher Eingriffskompetenzen durch eine präventive, proaktive Polizei, die auch als Veralltäglichung staatlicher Gewalt bezeichnet werden kann[270]. „Staatssicherheit und Bürgersicherheit, einst als im Spannungszustand befindliche Gegenpole gedacht, verschmelzen im lokalen Präventionsstaat zu einer Öffentlichen Sicherheitspartnerschaft“[271].

---

268 Das Berliner Modell als Polizeistrukturreform wird seit Ende der 90er Jahre eingesetzt. Einzusehen unter: http://www.berlin.de/polizei/Wirueberuns/berlinermodell.html, Zugriff vom 12.12.2003.

269 Vgl. Beste (2000), S. 394f.

270 Vgl. ebd.

271 Ebd.

Die Analyse der vertraglichen Zusammenarbeit im Rahmen der Berliner Kooperationsvereinbarung kann an dieser Stelle abgeschlossen werden. Es ergibt sich nun die Frage, ob sich neben dieser Zusammenarbeit eine Privatisierung polizeilicher Aufgaben vollzieht. Dieser Aspekt muss vor dem Hintergrund gesamtgesellschaftlicher Veränderungen untersucht werden.

6. Die Rolle des privaten Sicherheitsgewerbes aus staatstheoretischer und ökonomischer Sicht

6.1. Privatisierung als Wirtschaftsinstrument

Der Begriff Privatisierung meint die Überführung staatlicher Unternehmen in Privatbesitz, den Verkauf staatlicher Beteiligungen an Wirtschaftsunternehmen oder die „Verpachtung" der öffentlichen Verwaltung[272]. Für die Untersuchung der Auslagerung von Dienstleistungen und staatlichen Aufgaben ist Letzteres relevant. Nach Weiner handelt es sich dabei um eine funktionale Privatisierung[273]. Da im Folgenden jedoch nur kurz auf die Veräußerung von Unternehmen eingegangen wird, soll nur der Begriff Privatisierung angewendet werden.

In den westlichen Industrienationen ist die Privatisierung ein zentrales wirtschaftliches Instrument der vergangenen drei Jahrzehnte. Der Auslöser dafür liegt in der sogenannten Krise bzw. dem Ende des Fordismus. Der Begriff Fordismus beschreibt im weitesten Sinne ein Akkumulationsregime der Produktions- und Verteilungsweise, in dem die industrielle Massenproduktion durch Massenabsatz und Massenkaufkraft ermöglicht werden soll[274]. Er definiert das zentrale Gesellschaftssystem der westlichen Industrienationen des 20.Jahrhunderts.

Die Regulierung der Produktions- und Lebensverhältnisse konzentrierte sich darin auf den Staat als Ort der Vermittlung und des institutionellen Ausgleichs zwischen den gesellschaftlichen Kräften[275]. Wirtschafts- und finanzpolitisch ist der Fordismus mit dem Keynesianismus verbunden. Mit einem Rückgang der Kapitalrentabilität und einer wachsenden Destabilität der internationalen Regulierungen stieß das fordistische System in den westlichen Industrienationen zum Ende der 60er Jahre an seine Grenzen. Mit der Verteuerung von Rohstoffen durch die sogenannte Ölkrise von 1973 verstärkte sich diese Entwicklung. Wirtschaftliche Wachstumsraten stagnierten, demgegenüber stieg die Verschuldung der öffentlichen Haushalte. Arbeitslosigkeit formierte sich als strukturelles Phänomen.

---

272 Vgl. Bauer-Emmerichs, Michael (Red.) (2000): Wirtschaft heute, 4.Aufl., Bonn, S. 196.

273 Weiner, Bernhard (2001:b): Privatisierung – Was meint das eigentlich?, in: Kriminalistik 55. Jg., H. 5, S. 317f.

274 Vgl. Hirsch, Joachim / Roth, Roland (1986): Das neue Gesicht des Kapitalismus. Vom Fordismus zum Postfordismus, Hamburg, S. 46f.

275 Vgl. ebd. S. 64f.

Das sich so an den Fordismus anschließende Gesellschaftsmodell wird mangels anderer Begrifflichkeiten als Postfordismus, wirtschafts- und finanzpolitisch als Neoliberalismus bezeichnet[276]. Privatisierung gilt hier als ein zentrales Instrument, um den Staat von Aufgaben und Kosten zu entlasten.

Die genannten Kriterien der sinkenden Wachstumsraten, Verschuldung der öffentlichen Haushalte und Anstieg der Arbeitslosigkeit finden sich auch in der Bundesrepublik ab Mitte der 70er Jahre[277]. Doch unter der nachfrageorientierten Wirtschaftspolitik Helmut Schmidts (SPD) blieb der staatliche Unternehmenssektor abgesehen von wenigen Beispielen bis zum Ende der 70er Jahre unberührt. Seit Beginn der 80er Jahre und damit kongruent zum Regierungswechsel zur neuen Koalition aus CDU und FDP wurde das Instrument der Privatisierung verstärkt eingesetzt. So erfolgte unter anderem der vollständige Verkauf von Stromkonzernen wie VIAG oder VEBA. Nach dem Zusammenbruch der DDR wurden flächendeckend staatliche Kombinate „abgewickelt" bzw. in private Firmen überführt. Der Bund stieß in den 90er Jahren wesentliche Beteiligungen ab, z.B. die an der Deutschen Lufthansa AG 1994 und 1997 sowie die der Deutschen Telekom AG 1996 und 1998[278]. Allein in den Jahren 1998 und 1999 schlugen Privatisierungen mit 10 Mrd. € zu Buche[279].

6.2. Berlin als Vorreiter der Privatisierung

In Berlin setzte eine starke Privatisierungsphase in der zweiten Hälfte der 90er Jahre ein. Von 1996 bis 1999 wurden die vier größten Privatisierungen durch Verkäufe der GASAG (Berliner Gas Aktiengesellschaft), der BEWAG (Berliner Elektrizitätswerke Aktiengesellschaft), der GEHAG (Gemeinnützige Heimstätten- Spar- und Bau- Aktiengesellschaft) und der BWB (Berliner Wasserbetriebe) durchgeführt. Dadurch und durch den Verkauf von Grundstücken – das Land Berlin besitzt die meisten Grundstücke in der Stadt – flossen dem Land einmalige Einnahmen in Höhe von

---

[276] Vgl. Lipietz, Alain (1997): Die Welt des Postfordismus. Über die strukturellen Veränderungen der entwickelten kapitalistischen Gesellschaften, Supplement der Zeitschrift Sozialismus, H. 7/8, Hamburg, S. 4f.

[277] Vgl. zusammenfassend: Bauer-Emmerichs, a.a.O. S. 102 ff.

[278] Vgl. ebd. S. 196f.

[279] Vgl. ebd.

13,34 Mrd. DM zu[280]. Im Vergleich zum 1. Berliner Beteiligungsbericht von 1991 mit 71 bedeutenden Beteiligungen war das Land im 6. Berliner Beteiligungsbericht von 1998 mit nur noch 62 bedeutenden Beteiligungen vertreten[281]. Allein in den 1998 durchgeführten Privatisierungen aller 16 Bundesländer entfielen fast zwei Drittel auf Berlin[282]. Die damalige Finanzsenatorin Fugmann-Heesing betonte, dass Berlin „bei Privatisierungen eine Vorreiterstellung eingenommen hat“[283].

Es kann hier nicht detailliert diskutiert werden, ob die Erlöse durch Verkäufe und damit einmalige Einnahmen tatsächlich positiv einer langfristigen Entlastung durch ständige Einnahmen gegenüberstehen. So bezweifeln insbesondere Wirtschaftswissenschaftler, dass Privatisierung a priori eine effiziente Lösung ist[284]. Fest steht, Privatisierung ist in der Bundesrepublik Deutschland seit den frühen 80er Jahren und im Land Berlin seit Mitte der 90er Jahre ein gängiges Instrument. Damit fügen sich die Privatisierungsschritte in Berlin – wenn auch zeitlich versetzt – in die Auslagerungsstrategie der Bundesrepublik Deutschland ein.

Besonders intensiv wirkt in Berlin die finanzielle Notlage der öffentlichen Haushalte seit Beginn der 90er Jahre. Noch in den 80er Jahren erhielt die zweigeteilte Stadt aufgrund der gegenseitigen Schaufensterfunktion regelmäßig hohe finanzielle Unterstützungen. Nach 1989 wurden bis Mitte der 90er Jahre u.a. Zuwendungen wie Berlinförderung und Berlinhilfe in zweistelliger Millionenhöhe abgebaut[285]. Die Verschuldung der öffentlichen Haushalte stieg im Vergleich zu anderen Städten besonders rasant an[286]. Lag die Verschuldung je Einwohner 1991 bei 4.600 DM, so erhöhte sie sich bis 1997 auf 15.300 DM[287]. Demnach ist die Notlage der öffentlichen Kassen nicht (wie mitunter in den Medien behauptet wird) monokausal auf den sogenannten Bankenskandal von 2001 zurückzuführen.

---

280 Vgl. Weinzen, Hans Willi (2000): Berlin und seine Finanzen. Eine Einführung in das Finanzwesen 3.Aufl., Berlin, S. 334.

281 Vgl. ebd.

282 Vgl. Vesper, Dieter (1998): Privatisierung - Ausweg aus Berliner Finanznot? aktuell in: DEMO - Monatszeitschrift für Kommunalpolitik, o.Jg., H. 4, o.S., hier unter: http://www.diw.de/deutsch/dasinstitut/abteilungen/stt/publikationen.html, Zugriff vom 18.12.2001.

283 Ebd.

284 Vgl. Vesper, a.a.O., o.S.

285 Vgl. Weinzen, a.a.O. S. 13ff.

286 Vgl. ebd. und Vesper, ebd.

287 Vgl. Vesper ebd.

Aktuell liegt die Gesamtverschuldung bei ca. 50 Mrd. € und die Verschuldung je Einwohner bei ca. 14.750 €[288]. Damit hat sich die Verschuldung je Einwohner allein in den vergangenen sechs Jahren fast verdoppelt.

Es ergibt sich nun die Frage, ob sich nach der Privatisierung staatlicher Infrastrukturunternehmen bzw. Daseinsvorsorgeaufgaben auch eine Auslagerung im staatlichen Sicherheitsbereich vollzieht.

6.3. Ein Dominoeffekt im Sicherheitsbereich?

Die Befürworter einer Auslagerung staatlicher Sicherheitsaufgaben bezeichnen diesen Prozess als zwangsläufige Folge einer allgemeiner Privatisierungsentwicklung. Nach der Entmonopolisierung und Entstaatlichung von Bundespost, Bundesbahn, Arbeitsvermittlung und öffentlichem Versicherungswesen sei auch die Möglichkeit zur Entstaatlichung und Privatisierung weiterer staatlicher Aufgaben gegeben[289]. „Diese Entwicklung besitzt einen Dominoeffekt, der auch vor dem polizeilichen Gewaltmonopol nicht Halt macht"[290]. Diese Sicht beschreibt eine logische Abfolge der schrittweisen Abgabe staatlicher Aufgaben an private Akteure. Folgt man diesen Forderungen, so ließe sich die Frage nach der Kontinuität der Privatisierungsschritte bereits bejahen. Gleichwohl ist dieses Thema besonders umstritten. Denn gerade im Bereich der Staatsaufgabe Sicherheit liegt der zentrale Aspekt staatlicher Souveränität. Prinzipiell gilt hier: „Hoheitliche Aufgaben wie die Dienstleistungen von Polizei, Justiz und Militär sind nicht privatisierbar"[291].

Die Privatisierung von Sicherheitsdienstleistungen wird intensiv seit Beginn der frühen 90er Jahre diskutiert. In wesentlichen Aspekten reicht diese Diskussion jedoch zurück bis in die 70er Jahre und damit in den Zeitraum der fordistischen Krise. Das heißt, es ergibt sich ein Zusammenhang zwischen einer beginnenden allgemeinen Privatisierungsstrategie (wenn auch unter Schmidt noch nicht umfassend umgesetzt) und der Privatisierung von Sicherheitsdienstleistungen. Als wichtigste Indikatoren können hier der Einsatz des „Zentralen Sicherheitsdienstes" (ZSD) 1973 im Münche-

---

288 Eigene Berechnungen nach Bevölkerungsangaben aus 07/2003, unter: http://www.statistik-berlin.de, Zugriff vom 03.12.2003.

289 Vgl. Stober (1997), S. 891.

290 Ebd.

291 Bauer-Emmerichs, a.a.O. S. 196.

ner ÖPNV und die Privatisierung der Fluggast- und Gepäckkontrolle im Berliner Flughafen Tegel 1974 gesehen werden[292]. Tatsächlich expandierte das private Sicherheitsgewerbe auch in den 70er Jahren, mit der Intensität der 90er Jahre ist diese Phase jedoch nicht vergleichbar.

Seit den 70er Jahren zieht sich auch die Argumentation von Hoffmann-Riem, der den Privaten die Geltung der Notwehr- und Jedermannsrechte abspricht und den zunehmenden Einsatz von privaten Firmen als missverstandene Subsidiarität kritisiert, als roter Faden durch die Diskussion. Hoffmann-Riem warnt hier vor dem Entstehen eines zweiten Machtpotenzials, das die Dominanz des demokratischen Gewaltmonopols gefährden könnte[293]. Wäre diese Sichtweise so nichtig, wie sie des Öfteren dargestellt würde, so hätte sie wohl kaum eine derart starke jahrzehntelange Aufmerksamkeit erfahren.

Selbst bei der Anerkennung der Notwehr- und Jedermannsrechte bestehen in Verbindung mit dem Hausrecht gegensätzliche Meinungen, inwieweit sich damit Sanktionsmaßnahmen legitimieren lassen. Zum einen existieren in der Rechtssprechung Meinungen, dass das Hausrecht als solches nicht notwehrfähig ist[294]. Eine Verteidigung aufgrund der Notwehr- und Jedermannsrechte ist damit nicht gegeben. Das private Sicherheitsgewerbe dürfte daraus keine Sanktionsmaßnahmen wie Platzverweise oder Hausverbote und auch keine Gewalt zu deren Durchführung ableiten. Es müsste sich darauf beschränken, die Polizei zu informieren[295]. Zum anderen wird in einzelnen Ländergesetzen wie in Bayern jedoch ausdrücklich die Haltung vertreten: „Das Hausrecht ist ein notwehrfähiges Gut. Der Hausrechtsinhaber darf Besucher notfalls mit Gewalt entfernen“[296]. Die Anwendung von Sanktionsmaßnahmen wird in dieser Regelung legitimiert.

---

292 Vgl. Olschock-Trautenhahn, Harald (1995): Geschichtliche Entwicklung des privaten Sicherheitsgewerbes, in: Glavic, a.a.O., S. 11.

293 Vgl. Hoffmann-Riem (1977), S. 277ff.

294 Vgl. o.V.,Frankfurter Rundschau, o.Nr., S. 18, zitiert in: Beste (2000), S. 335.

295 Vgl. ebd.

296 Presseinformation vom 01.06.1995, aktualisiert am 20.02.1999, unter: http://www.justiz.bayern.de/olgn/presse/info/ziv/prziv113.htm, Zugriff vom 09.12.2003.

Neben diesen detaillierten Fragen bestehen grundsätzlich rechtliche Barrieren einer umfassenden Privatisierung staatlicher Sicherheitsaufgaben. Als „absolute Grenze“ gilt hier die schrankenlose Übertragung bzw. der vollständige Verzicht auf Regulierungs- und Eingriffsmöglichkeiten der staatlichen Machtmittel und Machtinstrumente[297]. Eine vollständige Veräußerung staatlicher Aufgaben wie z.B. in der Stromversorgung etc. ist also im Bereich der Sicherheitsaufgaben rechtlich nicht möglich. In dieser absoluten Form stand sie auch nie ernsthaft zu Debatte. Der Vergleich des Dominoeffektes, der letztendlich ein zwangläufiges und – bildhaft gesprochen – gesamtes Umfallen berührter Steine suggeriert, lässt sich demzufolge nicht kongruent auf den Sicherheitsbereich anwenden. Gleichwohl ergibt sich die Frage, ob und wenn ja, wann und wie sich eine Privatisierung in Teilbereichen der Staatsaufgabe Sicherheit vollzogen hat.

6.4. Privatisierung von Sicherheitsdienstleistungen

6.4.1. *Outsourcing* in öffentlichen Gebäuden

Outsourcing – hergeleitet aus *outside resource using* – meint die Übertragung von Aufgaben eines Unternehmens auf außenstehende Firmen. Das *Outsourcing* von Pförtner- und Bewachungstätigkeiten bildet einen wesentlichen Wachstumsgrund des privaten Sicherheitsgewerbes in den 90er Jahren[298]. Solange dies in rein wirtschaftlichen Unternehmen wie z.B. der Auslagerung des Werkschutzes geschieht, ist es für den vorliegenden Untersuchungsgegenstand nicht relevant. Doch an diesem Vorgang betätigt sich aus Einsparungsgründen auch die öffentliche Hand. Um rund 20% bis 40% beträgt nach Angaben des privaten Sicherheitsgewerbes das finanzielle Einsparungspotenzial[299].

Es ist empirisch nicht eindeutig nachvollziehbar, wie sich die Anteile öffentlicher Auftraggeber in den vergangenen Jahren entwickelt haben. Einheitlich beschreibt die vorliegende Literatur jedoch eine beständige Zunahme. Damit lässt sich ein Überführen von Bewachungstätigkeiten in die freie Markwirtschaft erkennen, auch wenn an diesem Punkt hoheitliche Befugnisse keine Rolle spielen. Es handelt sich hierbei auch nicht um grundsätzlich öffentlichen Raum im Sinne allgemeiner Zugänglichkeit,

---

297 Vgl. Weiner (2001:a), S. 130.

298 Vgl. Schnekenburger, a.a.O. S. 47f.

299 Vgl. ebd.

jedoch um Liegenschaften in öffentlicher Trägerschaft und mit öffentlichem Zugang wie z.B. Sozialämter oder das Berliner Abgeordnetenhaus. Bundesweit werden aktuell die Anteile der öffentlichen Hand an der gesamten Beauftragung auf ca. 40% geschätzt[300]. Eine Quelle benennt für Berlin jedoch einen Anteil von 60%[301]. Auch wenn sich diese Angabe nicht überprüfen lässt, so kann doch vermutet werden, dass sich das Land Berlin sich überproportional am *Outsourcing* von Bewachungsaufgaben beteiligt. Dies würde auch dem hohen Stellenwert entsprechen, den Privatisierung in Berlin allgemein einnimmt. Auch die Einbeziehung privater Firmen in die Überwachung und Kontrolle des Berliner ÖPNV (angesprochen in Ziffer 3.2.) oder in die Bewachung von Polizeidienstgebäuden (angesprochen in Ziffer 4.2.) lassen sich unter dem Aspekt *Outsourcing* von Wach- und Kontrollaufgaben subsumieren.

Insbesondere die Berliner FDP insistiert bei Letzterem wiederholt, die Empfehlung der Expertenkommission Staatsaufgabenkritik umzusetzen[302]. Bei einem Lohn von 10€ je Stunde im privaten Gewerbe ließen sich nach Angaben der FDP jährlich bis zu 14 Mio. € im Landeshaushalt einsparen[303]. Erhoffte Kosteneinsparung ist das Kernstück einer jeden Privatisierungsstrategie. Dieses Argumentationsmuster lässt sich auch bei der Auslagerung von öffentlichen Bewachungs- und Kontrollaufgaben feststellen. Da die Branche ihren Wachstumsschub hier gerade in den 90er Jahren vollzog, lässt sich folgern, dass die Privatisierung zwar zeitlich versetzt zu der allgemeinen Privatisierungsentwicklung erfolgte, grundsätzlich jedoch einfügt in deren bisher intensivste Phase. Für Berlin, in welchem erst in den 90er Jahren eine umfassende Privatisierung stattfand, wirkte das Instrument des *Outsourcing* zeitgleich.

---

300 Vgl. Anlage 3.

301 Diederichs Otto: Mit Sicherheit wenig zahlen, in :taz a.a.O.

302 Vgl. Antrag der Fraktion der FDP: Mehr Berlin, weniger Staat. Entlastung der Polizei durch Wegfall von Objektschutzaufgaben, 21.01.2003, in: Abgeordnetenhaus Berlin, Drs. 15/1225.

303 Vgl. Inhaltsprotokoll InnSichO, 19.05.2003, in: Abgeordnetenhaus Berlin, Drs. 15/26.

6.4.2. Lohn- und Qualitätsdumping

Insbesondere die öffentliche Hand steht in der Kritik, den billigsten Anbieter bei der Auftragsvergabe vorzuziehen[304]. Dieser Umstand schlägt sich auf die Gehaltsstrukturen nieder. Stundenlöhne zwischen 4 und 6€ sind die Regel[305]. Auch Berlin bildet hier keine Ausnahme. Das Wachpersonal des Bundestages beispielsweise erhält 4,85€ brutto je Stunde[306]. Die Lohneinstufung der Berliner FDP erscheint vor diesem Hintergrund als unrealistisch. Zynisch betrachtet, müsste sich hier vielmehr ein größerer Einspareffekt ergeben. Viele Angestellte versuchen, die geringen Löhne mit einem hohen Arbeitsvolumen von ca. 240 bis 280 Stunden pro Monat auszugleichen[307]. Mit der Strategie, den möglichst billigsten Anbieter mit Sicherheitsaufgaben zu betrauen, unterstützt die öffentliche Hand das für die Branche typische Lohn- und Qualitätsdumping. Dies wiederum kann als eine Folge der Überführung von Aufgaben in eine rein gewinnorientierte und kostenreduzierte Politik gesehen werden.

Auch die folgenden Bereiche fallen grundsätzlich unter den Aspekt des *Outsourcings*. Da es sich jedoch dabei um einzelne komplexe Felder handelt, ist eine separate Darstellung notwendig.

6.4.2. Überwachung des Verkehrs

Die Möglichkeit, private Unternehmen mit der Überwachung des ruhenden und fließenden Verkehrs zu beauftragen, wurde verstärkt in der Mitte der 90er Jahre erwogen. Damit fügt sich dieser Bereich bundesweit kontinuierlich in die allgemeine Privatisierungsstrategie ein. In Berlin vollzog sich dies jedoch zeitgleich mit anderen Privatisierungen.

Im Verkehrsraum wird der Bereich des öffentlichen Raumes unmittelbar berührt. Im Jahre 1996 wurden von der IMK Überlegungen angestellt, die Überwachung des ruhenden Verkehrs durch die Einführung eines Beleihungstatbestandes zu legitimieren[308]. Vom Bund wurde dies jedoch wegen verfassungsrechtlicher Bedenken abge-

---

304 Vgl. Vgl. Inhaltsprotokoll InnSichO, 19.05.2003, a.a.O.

305 Vgl. Ruprecht, a.a.O.

306 Vgl. ebd.

307 Vgl. Thurm, Matthias (2002): Private Sicherheitsdienste – 60 Stunden für ein Taschengeld, unter: http://www.verdi.de, Zugriff vom 21.03.2003.

308 Vgl. Schnekenburger, a.a.O. S. 45.

lehnt. Möglicherweise steht dieses Vorhaben in Zusammenhang mit der 1996 von Berlin angeregten Bundesratsinitiative zur privaten Parkraumbewirtschaftung[309]. Diese Initiative scheiterte an der Haltung anderer Bundesländer. In einigen Bundesländern wie z.B. in Mecklenburg-Vorpommern wurden jedoch Private zur Überwachung des ruhenden Verkehrs eingesetzt[310].

Des Weiteren existieren Vorschläge, dass Gemeinden ihr Straßenland an Private verpachten oder Sicherheitskräfte als beauftragte Anzeigenerstatter tätig werden lassen. Auch im Bereich des fließenden Verkehrs gibt es sogenannte Leasingvorschläge oder die Empfehlung, private Angestellte als Verwaltungshelfer einzusetzen. In Mecklenburg-Vorpommern und Hessen wurden zum Ende der 90er Jahre Private als technisches Hilfspersonal bei Geschwindigkeitsmessungen herangezogen[311]. In verschiedenen Ländern existieren somit aufgrund landesgesetzlicher Regelungen bereits Modelle zur Auslagerung von verkehrsüberwachenden polizeilichen Aufgaben[312].

In Berlin scheint die Überwachung des fließenden Verkehrs in der vergangenen Dekade nicht thematisiert worden zu sein[313]. Anders verhält es sich im Bereich des ruhenden Verkehrs. So beauftragte der Senat mit einem Beschluss vom 26.07.1994 private Unternehmen mit der systematischen Feststellung von Park- und Halteverstößen im Rahmen einer flächendeckenden Parkraumbewirtschaftung in besonders verkehrsintensiven Gebieten[314]. Mit diesem Vorgehen sollte geprüft werden, ob sich eine private Zuständigkeit als wirtschaftlicher erweist[315]. Hier ist konkret eine Auslagerung polizeilicher Aufgaben zu erkennen.

Nach der Klage eines gemeldeten Falschparkers entschied jedoch das Berliner Kammergericht, die Vergabe an Fremdfirmen einzustellen. In der Tätigkeit der privaten Ermittler sah das Gericht bereits den Beginn einer Verfolgungsmaßnahme, wie sie nur hoheitlichen Trägern zusteht[316]. Eine Beauftragung privater Firmen mit der Ü-

---

309 Vgl. Inhaltsprotokoll InnSichO, 25.08.2003, Abgeordnetenhaus Berlin Drs. 15/28.

310 Vgl. Schnekenburger, ebd. S. 46 f.

311 Vgl. Schnekenburger, a.a.O. S. 46f.

312 Vgl. ebd.

313 Die Recherche in den zuständigen Senatsverwaltungen und im Abgeordnetenhaus ergab keine Ergebnisse.

314 Vgl. Beschluss des 3. Senats für Bußgeldsachen des Kammergerichtes in Berlin, a.a.O.

315 Vgl. ebd.

316 Vgl. ebd.

berwachung des ruhenden Verkehrs wurde also in Berlin zwar versucht, von der Justiz jedoch als rechtswidrig eingestuft.

Die aktuelle politische Debatte in Berlin zeigt dagegen, dass das Thema hier keinesfalls vom Tisch ist. Bei der jüngsten Besprechung im Berliner Abgeordnetenhaus am 25.08.2003 führte Innensenator Körting (SPD) aus, dass man aktuell eine Antwort der anderen Bundesländer erwarte, wie sich diese zu einer erneuten Initiative verhalten würden[317]. Bezugnehmend auf die regelmäßigen Forderungen der FDP, die Parkraumbewirtschaftung zu privatisieren, erklärte er, dass man die private Parkraumüberwachung bereits „im Visier habe". Die Senatsverwaltung für Inneres werde „das angepeilte Ziel verfolgen"[318].

Eine Antwort der anderen Bundesländer ist nach vorliegendem Kenntnisstand noch nicht erfolgt. Es ist jedoch zu erwarten, dass die Privatisierung der Parkraumbewachung in Berlin ein erklärtes innenpolitisches Ziel bleibt. Möglicherweise wird versucht, dies über die Bundesebene zu implementieren. Hier lässt sich die Vermutung bestätigen, dass sich eine Auslagerung polizeilicher Tätigkeiten im öffentlichen Raum an das private Sicherheitsgewerbe vollzieht. Diese Entwicklung wird jedoch nicht nur von privaten, sondern auch von staatlichen Vertretern unterstützt. Kosten- und Aufgabeneinsparungen sind auch hier die angeführten Hauptgründe, womit sich wiederum die gängige Argumentation der allgemeinen Privatisierungsstrategie erkennen lässt.

6.4.3. Luftsicherungskontrolle

Die Erfüllung der Sicherungsaufgaben auf den Flughäfen wird zwar auf bundesgesetzlicher Ebene geregelt, ist jedoch am Beispiel des Flughafen Tegel auch für Berlin relevant. Die Rechtsgrundlage des öffentlichen Luftverkehrs bildet das Luftverkehrsgesetz (LuftVG). Am 18.09.1980 wurden neue Paragraphen eingefügt, welche es den Luftfahrtbehörden ermöglichen, sich „geeigneter Hilfsorgane" zur Gewährleistung der Flugaufsicht zu bedienen[319].

---

[317] Vgl. Inhaltsprotokoll InnSichO, 25.08.2003, Abgeordnetenhaus Berlin Drs. 15/28.

[318] Vgl. ebd.

[319] Vgl. Olschock, a.a.O. S. 107ff.

Es handelt sich zusammenfassend hier um § 29b LuftVG, Sicherungsmaßnahmen zum Flughafenbetrieb, §29c Abs.1 und Abs.5 LuftVG, Schutz vor Angriffen auf die Sicherheit des Luftverkehrs und §20a LuftVG, Verpflichtung zu Sicherungsmaßnahmen von Luftfahrtunternehmen durch Dritte.

Die Arbeitsbereiche umfassen die Kontrolle von Personen und ihrem Gepäck, Post, Fracht und von Versorgungsgütern sowie die Kontrolle und Sicherung allgemein nicht zugänglicher Bereiche und Anlagen[320]. Hier lässt sich ein kausaler Zusammenhang mit den allgemeinen Privatisierungstendenzen zu Beginn der 80er Jahre erkennen. Mit dem 10. Änderungsgesetz vom 23.7.1992 und dem Einfügen des §29c Abs.1 S.3 LuftVG wurde weiterführend geregelt, dass private Sicherheitsdienste als Beliehene tätig werden können[321]. Damit ergibt sich die Möglichkeit, hoheitliche Aufgaben zu übertragen, was eine eindeutige Auslagerung von staatlichen Sicherheitsaufgaben bedeutet. Inwieweit sich hier die Anteile am Gesamtangebot des privaten Sicherheitsgewerbes verändert haben, lässt sich empirisch nicht nachvollziehen. Dieses Thema wurde erst relevant, als nach den Anschlägen vom 11.09.2001 in den USA eine Kritik an schlecht ausgebildetem Sicherheitspersonal geübt wurde. Laut Bundesinnenminister Otto Schily (SPD) lässt sich für 2002 nur feststellen, dass in der vergangenen Dekade „immer mehr" private Sicherheitsangestellte in den Flughäfen im Einsatz waren[322].

Insbesondere seit 1992 mit der Verabschiedung des genannten 10. Änderungsgesetzes wurde verstärkt dazu übergegangen, BGS-Beamte durch Angestellte der privaten Sicherheitsunternehmen zu ersetzen[323]. Bundesweit waren Ende 2001 auf den 14 Flughäfen des BGS ca. 2.900 Beamte beschäftigt, demgegenüber waren im selben Raum ca. 5.000 private Mitarbeiter angestellt[324]. Die Anzahl der privaten Kräfte überwog damit eindeutig. „Mittelfristiges Ziel ist es", so Bundesinnenminister Schily, „die Luftsicherungskontrollen auf den BGS-Flughäfen ausschließlich an Mitarbeiter privater Sicherheitsfirmen zu übertragen, so wie dies bereits am Flughafen Tegel der

---

320 Vgl. Vgl. Olschock, a.a.O. S. 107ff.

321 Vgl. ebd.

322 Schily, a.a.O.

323 Vgl. wdr-online news, o.T., 18.12.2001, unter: http://online.wdr.de/online/news2/flugsicherheit_gewerkschaft/index.phtml, Zugriff vom 15.12.2003.

324 Vgl. ebd.

Fall ist“[325]. Wie bereits erwähnt, wurden in Tegel als erstem deutschen Flughafen schon 1974 private Kräfte zur Fluggast- und Gepäckkontrolle eingesetzt. Mit dem vollständigen Austausch der BGS-Beamten bildet Berlin hier wiederum einen Vorreiter in Sachen Privatisierung.

Der Aspekt der Luftsicherheit zeigt, dass sich eine Auslagerung von staatlichen Kontroll- und Überwachungsaufgaben inklusive hoheitlicher Befugnisse an private Akteure vollzieht. Im Unterschied zu der vermuteten Verdrängungstheorie polizeilicher Beamte durch privat Beschäftigte im Stadtraum (angesprochen u.a. in Ziffer 5.3.6.) lässt sich an diesem Beispiel konkret nachweisen, dass private Kräfte staatlich Angestellte ersetzen.

6.4.4. Privatisierung in Justizvollzugsanstalten

Auch die Thematisierung zur privaten Bewachung in Justizvollzugsanstalten begann in der Mitte der 90er Jahre und wurde zur Jahrtausendwende besonders intensiv diskutiert[326]. Damit fügt sich auch diese Debatte in eine allgemeine Privatisierungsstrategie ein. Eine einheitliche bundesgesetzliche Regelung lässt sich aus dem vorliegenden Material nicht erkennen.

Die Ausführung der Justizvollzugsaufgaben untersteht den Bundesländern, deshalb existieren verschiedene Haltungen. Eine einheitliche Auflistungen, in welchen Ländern Privatisierungen umgesetzt oder geplant sind, liegt nicht vor. Nachweislich ist jedoch, dass seit Mitte der 90er Jahre Überlegungen angestellt werden, Justizvollzugsanstalten komplett von privaten Sicherheitsdiensten errichten zu lassen, die dann vom Staat geleast werden[327]. Dieses sogenannte Investorenmodell galt bereits im Jahre 2001 als teilweise umgesetzt[328]. Eine Beleihung des privaten Sicherheitsgewerbes mit einzelnen Hoheitsaufgaben des Strafvollzuges oder eine vollständige Betreibung ist nach Lange zu dieser Zeit noch nicht erfolgt[329].

---

325 Schily ebd.

326 u.a. mehrere Beiträge in: Stober (2001:a), o.S., Kulas, Axel (2002): Privatisierung hoheitlicher Verwaltung – Zur Zulässigkeit privater Strafvollzugsanstalten 2.Aufl. Köln.

327 Vgl. Schnekenburger, a.a.O. S. 45.

328 Vgl. Lange, Meik (2001): Privatisierungspotenziale im Strafvollzug, in: Stober (2001:a), S. 117ff.

329 Vgl. ebd.

Als größtes Projekt gilt hier ein seit Ende der 90er Jahre angestrebtes Modell aus Hessen. Aktuell wirbt das Hessische Justizministerium innerhalb seines Reformkurses damit, „zur Zeit Deutschlands erste Justizvollzugsanstalt (JVA) privat zu planen, bauen und zu betreiben, letzteres zumindest teilweise."[330]. Genauer erklärt wird dies nicht. Das Gebäude in Hünfeld wird voraussichtlich im Jahr 2005 mit rund 500 Haftplätzen eröffnet.

Das Justizministerium vertritt dabei folgende Haltung: „Kein verfassungs- oder verwaltungsrechtlicher Grundsatz verbietet es, dass private Firmen Haftanstalten planen, bauen und bestimmte Aufgaben übernehmen. Das wichtigste Argument dafür: Kostenersparnis"[331]. Kostengründe spielen also auch im Bereich der Justizvollzugsanstalten die zentrale Rolle. Schätzungen der Branche betonen, dass bei einer Übertragung von Bewachungsaufgaben an Private die Personalkosten um rund 40 bis 50% gesenkt werden können[332].

Damit übertreffen die Zahlen das o.g. 20 bis 40%ige Einsparungspotenzial in öffentlichen Gebäuden. Diese Darstellung zeigt nicht nur, dass ein Lohndumping akzeptiert bzw. forciert wird, sondern dass es sich auch trefflich als Werbefaktor eignet. Die rein ökonomischen Aspekte der Überführung von Dienstleistungen in die neoliberalen Mechanismen des Marktes spiegeln sich damit besonders deutlich wider.

In Berlin taucht die Thematisierung der Privatisierung in Justizvollzugsanstalten im Jahre 2002 auf. In Verbindung mit dem Antrag auf die Errichtung einer neuen Haftanstalt in Großbeeren schlägt die CDU-Fraktion eine Einbindung privater Unternehmen im Rahmen einer *public-private-partnership* vor[333]. Dies meint sowohl die Planung, den Bau als auch die Betreibung der Einrichtung. In Bezug auf Überwachungsaufgaben sollte eine Auslagerung nur möglich sein, solange es sich um Aufgaben ohne Eingriffsbefugnisse gegenüber Inhaftierten handelte. Vorschläge waren hier z.B. die Überwachung technischer Kameras oder Alarmmelder. Der Antrag wurde im Ausschuss für Verfassungs- und Rechtsangelegenheiten, Immunität und Geschäfts-

---

330 Reformkurs Hessen, unter: http://www.reformkurs.hessen.de/html/inindex.htm?/html/proj_priv_stra.htm, Zugriff vom 18.12.2003.

331 Vgl. Reformkurs Hessen, a.a.O.

332 Vgl. Lange, Meik, a.a.O. S. 124.

333 Vgl. Antrag der Fraktion der CDU: Errichtung einer neuen Haftanstalt in Großbeeren, 23.01.2002, Abgeordnetenhaus Berlin Drs. 15/125.

ordnung am 28.02.2003 diskutiert und zur Ablehnung empfohlen[334]. Am 21.03.2003 wurde der Antrag im Plenum abgelehnt[335].

Inbegriffen in die Debatte der Privatisierung in Justizvollzugsanstalten ist auch der beginnende Einsatz im psychiatrischen Maßregelvollzug, bei Gefangenentransporten und in Abschiebehaftanstalten. Ein erstes umfangreiches Projekt bildet hier der Einsatz Privater in der nordrhein-westfälischen Abschiebehaftanstalt Büren. Bereits zum Ende der 90er Jahre wurden private Angestellte eingesetzt[336]. Sie sollen allerdings unter der ständigen Aufsicht der Strafvollzugsbehörden und mit eingeschränkten Befugnissen gearbeitet haben[337].

Das Modell der Haftanstalt Büren ist möglicherweise ein Vorbild für ein Privatisierung in Berlin. Wie der Berliner Tagesspiegel am 20.05.2003 berichtete, habe sich der Berliner Polizeipräsident Glietsch zu Beginn des Jahre 2003 über die dortigen Erfahrungen mit privaten Firmen informiert[338]. Der Berliner Senat prüfe aus Kostengründen den Einsatz privater Sicherheitskräfte in der Abschiebehaftanstalt Grünau und suche bereits nach geeigneten Unternehmen[339]. Dabei sollen private Kräfte nicht nur den Außenbereich und den Einlass kontrollieren, sondern auch Aufgaben im Innenbereich des Abschiebegefängnisses übernehmen. "Hoheitliche Aufgaben wie körperliche Zwangsmaßnahmen, Zellendurchsuchungen und Abschiebungen sollten allerdings weiterhin von der Polizei durchgeführt werden", erklärte Innenstaatssekretär Ulrich Freise in Berlin[340]. Nach vorliegendem Kenntnisstand kann jedoch bezweifelt werden, ob in der Praxis in jedem Fall eine saubere Trennung möglich ist. Inwieweit die Diskussion zur Privatisierung in Berliner Abschiebehaftanstalten fortgeschritten ist, lässt sich aus dem zugänglichen Material nicht nachvollziehen.

---

334 Vgl. Inhaltsprotokoll Recht, 28.02.2003, Abgeordnetenhaus Berlin Drs. 15/3.

335 Vgl. Plenarprotokoll, 21.03.2003, Abgeordnetenhaus Berlin Drs. 15/07.

336 Vgl. Schnekenburger, a.a.O. S. 45.

337 Vgl. ebd.

338 Vgl. Diederichs, Otto / dpa: Abschiebehaft wird zur Privatsache, in: Berliner Tagesspiegel, o.Nr., 20.05.2003, o.S., u. Zimmermann, Elisabeth: NRW und Berlin planen Teilprivatisierung des Strafvollzugs, 12.09.2003, unter: http://www.wsws.org/de/2003/sep2003/stra-s12.shtml, Zugriff vom 15.12.2003.

339 Vgl. Zimmermann, Elisabeth, a.a.O.

340 Vgl. ebd.

Richtet man den Blick wieder auf Nordrein-Westfalen, so lässt sich vermuten, dass die Erfahrungen aus den Abschiebhaftanstalten wiederum als Einstiegsmodell für den allgemeinen Strafvollzug angewendet werden sollen. Nach TV-Berichten sei die Privatisierung des allgemeinen Strafvollzugs in Nordrhein-Westfalen „längst beschlossene Sache“[341]. Die Pläne lägen dem Landtag vor, im Jahre 2004 sollen sie flächendeckend in den 37 Haftanstalten des Landes umgesetzt werden. Neben Sozialarbeitern und Drogentherapeuten würden auch viele Vollzugsbeamte eingespart. Der Justizminister Wolfgang Gerhards (SPD) berief sich hier eindeutig auf die guten Erfahrungen mit privaten Sicherheitsfirmen in Abschiebehaftanstalten. "Es gibt sie schon, es gibt sie in unseren Abschiebehaftanstalten, insbesondere in der großen in Büren, in großem Umfang sogar, und wir sind dabei zu prüfen, nicht ob, sondern in welchem Umfang wir das auch im allgemeinen Strafvollzug machen können"[342]. Er betonte, die Privatisierung des Strafvollzugs sei wirtschaftlich vernünftig.

Vergleicht man dies wiederum mit dem zumindest geplanten Vorhaben in Berlin, so ließe sich auch hier vermuten, dass nach einer Einführung der Privatisierung in Abschiebehaftanstalten auch eine weiterführende Auslagerung im allgemeinen Strafvollzug zur Debatte stehen könnte. Die gemeinhin große Akzeptanz von Einsparungsargumenten dürfte auch hier auf fruchtbaren Boden fallen.

Die gezeigten Entwicklungen lassen die Vermutung entstehen, dass sich in der Bundesrepublik Deutschland eine Privatisierung des Strafvollzuges vollzieht. Ob sich dies jedoch ähnlich wie in den hier weit fortgeschrittenen USA entwickeln wird, ist schwer zu prognostizieren. Fest steht, es existieren bereits verschiedene Pilotprojekte und weiter reichende Überlegungen, staatlich ausgeführte Aufgaben in Justizvollzugsanstalten auszulagern. Mit Beginn der Debatte ab Mitte der 90er Jahre lässt sich wiederum nachweisen, dass sich auch hier eine kontinuierliche Abfolge des allgemeinen Privatisierungsgeschehens entwickelt. Dabei handelt es sich natürlich nicht um öffentlichen Raum, aber mit dem Strafvollzug um eine zentrale staatliche Sicherheitsaufgabe. Es ist es bemerkenswert, dass die ersten Projekte zur Privatisierung parallel in einem von CDU und in einem von Rot-Grün regierten Bundesland gestartet wurden. Das Thema ist damit nicht parteigebunden oder ideologisch besetzt. Es scheint jedoch zu kurz gegriffen, wollte man hier auf die oft zitierte „Große Koalition

---

341 ARD monitor vom 28.08.2003, in: Zimmermann, a.a.O.

342 Ebd.

in Sachen Innere Sicherheit“[343] zurückgehen. Vielmehr scheint man sich bundesweit den ökonomischen Zwängen und Einsparungsargumenten zu unterwerfen. Die Ökonomisierung staatlicher Sicherheitsaufgaben zeigt sich an diesem Beispiel besonders deutlich.

Auch die allgemeine Behauptung, hoheitliche Aufgaben würden weiterhin nur von Beamten ausgeführt, könnte sich hier mittelfristig ändern. Allein der Einsatz als Beliehene zeigt in anderen Beispielen, dass es Wege gibt, um Private mit hoheitlichen Aufgaben zu betrauen. Außerdem ist es realistisch zu vermuten, dass der einmal eingeschlagene Weg der Privatisierung in Haftanstalten nicht vor der Auslagerung weiterer Aufgaben Halt macht. An dieser Stelle muss man in der Tat Stobers Vergleich vom Dominoeffekt, verstanden als kontinuierliche Ausbreitung der Privatisierung, zustimmen.

Insbesondere von FORSI erschienen in jüngster Zeit verschiedene theoretische Modelle, die eine zumindest teilweise Privatisierung im Strafvollzugs legitimieren[344]. Die erhöhte Thematisierung könnte durchaus eine entsprechende Wirkung im politischen Diskurs vermuten lassen oder, dies wäre die gegensätzliche Denkweise, hier wurde erhöhter Bedarf erkannt und mit Angeboten versorgt. Mitunter geht die Debatte soweit, dass Vertreter des privaten Sicherheitsgewerbes behaupten, der Strafvollzug stelle keine hoheitliche Aufgabe mehr dar. Die Insassen seien von der Strafjustiz als hoheitlicher Institution bereits rechtskräftig verurteilt worden und insoweit sei der staatlichen Zuständigkeit Genüge getan[345]. Auf jeden Fall ist das Thema in der Diskussion und wird sicher so bald nicht abgeschlossen sein. Für das private Sicherheitsgewerbe hat die Privatisierung im Strafvollzug einen beachtlichen finanziellen Reiz. So belegen Vergleichszahlen aus den USA, dass hier zwischen 1984 und 1997 etwa 140 private Haftanstalten entstanden sind und sich die Profite wesentlich erhöht haben. Allein in den Jahren von 1995 bis 1997 wuchs hier noch einmal die Zahl um 60 bis 70% an und sorgte damit für immenses Aufsehen auch an der Frankfurter Börse[346].

---

343 Statt aller: Lange, Hans-Jürgen (1999): Innere Sicherheit im Politischen System der Bundesrepublik Deutschland, Opladen, S. 91.

344 Siehe Beginn Kap. 6.4.4.

345 Anonym, zitiert in Beste (2000), S. 340.

346 Vgl. Beste, ebd. f.

6.4.5. Bewachung kerntechnischer und militärischer Anlagen

Bundesweit nahm in der jüngsten Schätzung von 2002 der Anteil der Bewachung kerntechnischer Anlagen ca. 1% am gesamten Einsatzgebiet des Wachpersonals ein[347]. Die Bewachung kerntechnischer Anlagen ist jedoch für Berlin nicht relevant und muss aus Platzgründen vernachlässigt werden. Zwar ist auch die Bewachung militärischer Anlagen für Berlin empirisch nicht nachweisbar, da dieser Bereich jedoch einen wesentlichen Aspekt im Bewachungsgewerbe stellt, soll er kurz erwähnt werden. Der Anteil am Gesamtangebot betrug 1994 ca. 6,66%[348], im Jahre 2001 bereits 13%[349] und bildet den drittgrößten Pfeiler der Produktpalette. Es ist zu vermuten, dass Bundesbehörden und Bundeswehr in den vergangenen Jahren verstärkt private Firmen mit der Bewachung militärischer Anlagen beauftragten. Diese Aufgabe beinhaltet Eingriffsbefugnisse gegenüber Dritten, geregelt nach dem sogenannten Unmittelbaren Zwang Gesetz (UZwGBw) vom 12.08.1965[350]. Die zunehmende Bewachung der Anlagen fügt sich in das intensive *Outsourcing* staatlicher Wach- und Sicherheitsaufgaben der 90er Jahre ein.

---

347 http://www.bdws.de, Zugriff vom 15.12.2003.

348 Mauersberger, Frank (1995): Volumen und Gliederung des Sicherheitsmarktes, in: Glavic, a.a.O. S. 771.

349 Olschock, a.a.O. S. 9.

350 Vgl. ebd. S. 110.

6.5. Untersuchung der These 3

Privatisierung als Wirtschaftsinstrument wurde in der Bundesrepublik Deutschland seit Beginn der 80er Jahre und besonders stark in den 90er Jahren angewandt. Ein umfassendes *Outsourcing* von staatlichen Kontroll- und Sicherungsaufgaben begann ebenfalls in den frühen 90er Jahren und wurde bis zum jetzigen Zeitpunkt erheblich intensiviert. Daraus lässt sich folgern, dass sich die Auslagerung von staatlichen Sicherheitsaufgaben tatsächlich in eine kontinuierliche Abfolge verschiedener Privatisierungsschritte einfügt.

Da im Land Berlin das Instrument der Privatisierung erst in der Mitte der 90er Jahre intensiv angewandt wurde, vollzog sich diese Entwicklung zeitgleich mit der Privatisierung landeseigener Unternehmen wie BEWAG o.ä. Insofern kann Teil 1 der These 3 bestätigt werden: *Die umfassende Privatisierungsstrategie staatlicher Aufgaben, ausgelöst durch die fordistische Krise, hat in den 90er Jahren den Bereich der Sicherheitsdienstleistungen erreicht.*

Teil 2 der These 3 – *Das private Sicherheitsgewerbe zielt darauf ab, polizeiliche Aufgaben zu übernehmen. Auf diese Weise wird die Reichweite des staatlichen Gewaltmonopols unterhöhlt.* – ist dagegen in seiner Aussage ungenügend. Zwar ist die Übernahme polizeilicher Aufgaben ein erklärtes Ziel der Branche. Es zeigt sich jedoch, dass auch von Seiten politischer Vertreter und Sicherheitsbehörden eine Privatisierung bereits unterstützt wird. Dabei beziehen sich Auslagerungen im Verkehrsbereich explizit auf den öffentlichen Raum, im Bereich der Luftsicherungskontrolle und der Bewachung öffentlicher Gebäude auf halböffentliche Räume mit allgemeiner Zugänglichkeit. Einer Unterhöhlung des Gewaltmonopols soll vorgebeugt werden, indem man private Kräfte als Verwaltungshelfer (Verkehrsraum) oder sogenannte Beliehene (Luftsicherungskontrolle) einsetzt. Damit nimmt der Staat sein Recht zur Gewaltübertragung im Sinne der Kompetenz-Kompetenz (siehe Ziffer 2.4.4.) wahr. Die Anwendung dieser Regelung ist jedoch umstritten.

Kritisch betrachtet, wird damit das Privatisierungsverbot sicherheitsrelevanter Aufgaben umgangen und eine Möglichkeit der Ausübung hoheitlicher Befugnisse durch Private gestattet. In der Tat wird in dieser Sicht das Gewaltmonopol unterhöhlt. Eine Privatisierung staatlicher Sicherheitsaufgaben und eine Beauftragung privater Firmen mit hoheitlichen Aufgaben fügt sich in das Leitbild des postfordistischen oder schlanken Staates. Wie oben angesprochen, steht hier die Gewährleistungs- und nicht mehr die Vollzugsverantwortung im Vordergrund. In dieser Sicht wird verstärkt auf die Mitverantwortung aller gesellschaftlichen Kräfte und insbesondere privater Akteure gesetzt. Diese Strategie des notwendigen „Mit-verantwortlich-Machens“[351] wiederum bildet die Kernargumentation für die zunehmende Einbindung des privaten Sicherheitsgewerbes in die Öffentliche Sicherheit und auch für die Einrichtung der o.g. Sicherheitspartnerschaften.

Es hat sich nun gezeigt, dass Sicherheits- und Schutzaufgaben zunehmend ökonomischen Prämissen unterworfen werden. Im Folgenden soll in einem Exkurs geklärt werden, ob dieser Prozess Auswirkungen auf das gemeinhin öffentliche Gut Sicherheit hat.

[351] Beste (2000), S. 381.

7. Exkurs: Sicherheit als käufliches Gut

7.1. Die Kommodifizierung von Sicherheit

Der Begriff der Kommodifizierung bezeichnet den Prozess des Zur-Ware-Werdens von Dingen oder Dienstleistungen. In der wissenschaftlichen Diskussion zur Privatisierung von Sicherheitsdienstleistungen verwendet Spitzer erstmals die Bezeichnung *commodification* im Jahre 1987[352]. Demnach gewinnt Sicherheit den Charakter einer Ware, „that is produced and consumed to make people feel safe, free from doubt, care, anxiety and apprehension“[353].

In der Bundesrepublik Deutschland wird der Begriff seit Mitte der 90er Jahre genutzt[354]. Grundsätzlich thematisiert wird der zunehmende Warencharakter von Sicherheit und das Entstehen eines Sicherheitsmarktes jedoch seit Beginn der 90er Jahre[355]. Daraus folgt, dass sich die Diskussion in der Bundesrepublik parallel mit den beginnenden Privatisierungen im Sicherheitsbereich entwickelte. Es ergibt sich so ein kausaler Zusammenhang zwischen der verstärkten Kosten-Nutzen-Rechnung staatlicher Aufgaben und der zunehmenden Vergegenständlichung des gemeinhin als öffentlich bzw. gemeinschaftlich bezeichneten Gutes der Sicherheit. Zwar sicherte das staatliche Gewaltmonopol niemals die Interessen aller Bürgerinnen und Bürger gleichermaßen, obwohl dies aus seinem Geltungsanspruch erfolgt[356].

Vielmehr wurde seit „staatsalters“ die vorgegebene Struktur der Ungleichheit privater Interessen garantiert und fiel staatlicher Schutz ungleichgewichtig aus[357]. Doch die besonders intensive Betrachtung unter Effizienz- bzw. Rentabilitätsaspekten und die damit zunehmende Materialisierung in den vergangenen Jahren kann unbestritten als zwangsläufige Folge einer verstärkt ökonomisch und monetär ausgerichteten Strategie politischen Handelns bezeichnet werden. Dabei ist in zwei Aspekte zu unterscheiden. Die oben dargestellte Ausgliederung staatlicher Aufgaben und Übertragung

---

352 Spitzer, Steven: Security and Control in Capitalist Societies, pp. 43 – 58, in: Transcaretion: Essays in the Sociology of Social Control, edited by J. Lowman, R. J. Menzies and T. S. Palys. Brookfield, VT: Gower, p. 50, zitiert in: Nogala (1995) S. 251.

353 Ebd.

354 Statt aller: Beste, Hubert (1998): State Control, Political Order, Policing the Poor, Anmerkungen zur Kommodifizierung innerer Sicherheit, in: Lenk / Prätorius (Hrsg.), a.a.O. S. 53ff.

355 Statt aller Narr (1992), S. 6ff.

356 Vgl. ebd.

357 Vgl. ebd.

auf private Firmen stellt eine Kommerzialisierung dar[358]. Daneben ist jedoch zu erkennen, dass – auch von Seiten der Bevölkerung und der Wirtschaft – zunehmend ein Schutz- und Sicherheitsbedürfnis definiert wird und es möglich ist, sich diesen privaten Schutz zu erkaufen. Das Bedürfnis nach Sicherheit bzw. das Versprechen, dieses zu erfüllen, werden auf diese Weise verstärkt materialisiert[359]. Die Expansion des privaten Sicherheitsgewerbes und die gewachsene Nachfrage nach privaten Sicherheitsdienstleistungen sowohl in personeller Form als auch in Bezug auf Sicherheitstechnik sind dafür deutliche Indikatoren. Erst in dieser Vergegenständlichung des Versprechens Sicherheit kommt der Begriff der Kommodifizierung umfassend zum Tragen und entspricht dem o.g. Zitat von Spitzer.

Wenn Sicherheit zu einer käuflichen Ware wird, so bedarf es zum einen einer Klientel, dass sie sich leisten kann. Zum anderen braucht es ein Pendant, vor dem es sich zu schützen gilt. Betrachtet man nun Veränderungen der materiellen Verteilung in der Bevölkerung, die sich insbesondere seit der Krise des Fordismus mit beginnender struktureller Arbeitslosigkeit und Überlastung der sozialen Sicherungssysteme ergaben, so folgt zwangsläufig, dass die Kommodifizierung von Sicherheit auch einen gesellschaftlichen strukturellen Wandel reflektiert.

Zwar kann von dem beispielsweise in den USA vielzitierten „Niedergang des Mittelstandes" in der Bundesrepublik noch keine Rede sein. Gleichwohl lässt sich auch hier eine Veränderung in der materiellen Verteilung und eine zunehmende Polarisierung der Bevölkerung in Arm und Reich beobachten. Das statistische Material hierzu ist jedoch lückenhaft. Auch der erste und bisher einzige Armutsbericht der Bundesregierung von 2001 liefert im Wesentlichen nur Zahlenmaterial aus den 90er Jahren. Dieses zeigt jedoch, dass die Zahl der bundesweit überschuldeten Haushalte von 1994 bis 1999 um rund 30% auf 2,88 Mio. stieg[360]. Demgegenüber wuchs die Zahl der Einkommensmillionäre von 1978 bis 1998 mit 1,5 Mio. um das Siebenfache an. 1998 besaßen die reichsten 10% der Haushalte ca. 42% des gesamten Vermögens. Mehr als die Hälfte der Bevölkerung verfügte dagegen über nur 4,5% an allen Geld-

---

358 Vgl. Nogala (1995), S. 251f.

359 Vgl. ebd.

360 Lebenslagen in Deutschland, Daten und Fakten, Materialband zum ersten Armuts- und Reichtumsbericht der Bundesregierung, unter: http://www.bmgs.bund.de/downloads/arm_reich_daten_fakten.pdf, Zugriff vom 30.12.2003.

und Sachwerten[361]. Von daher ist es nicht verwunderlich, dass die Expansion des privaten Sicherheitsgewerbes sich nicht allein aus der Auslagerung staatlicher Aufgaben oder des *Outsourcing* des Werkschutzes ergibt. Auch der Schutz des Privateigentums spielt eine wichtige Rolle. Nach Angaben der Branche existiert ein großes Potenzial für weiteren Absatz. So nahmen im Jahre 1998 ca. 2% der Bevölkerung das private Sicherheitsgewerbe in Anspruch. Rund 20% der Bevölkerung wären nach Angaben der Branche möglich[362].

Zusammenfassend reflektiert die Kommodifizierung von Sicherheit eine zunehmende soziale Spaltung der Bevölkerung in Arm und Reich. Denn es ist nur zwangsläufig, dass diejenigen, die besitzen, sich vor denen schützen, die nicht besitzen. Abgeriegelte Urlaubsgebiete wie in Kenia oder Südafrika sprechen hier eine deutliche Sprache. In den USA bilden *gated communities* im Sinne umzäunter und bewachter Wohnkomplexe aktuell das am schnellsten wachsende Wohnungsmarktsegment[363]. Es ist wegen der geringen empirischen Vorlagen äußerst schwierig festzustellen, ob auch in der Bundesrepublik Deutschland *gated communities* existieren. Verschiedene Studien sprechen jedoch davon, dass hier wie auch in der Schweiz, Schweden, Frankreich und England zum Ende der 90er Jahre bereits die ersten *gated communities* nach US-amerikanischem Vorbild gegründet wurden[364]. Als ein mögliches Beispiel wird die Potsdamer Wohnanlage am Glienicker Horn diskutiert[365].

Eine flächendeckende Etablierung solch abgeschlossener Gebiete kann in der Tat eine Modifizierung und Fragmentierung von Öffentlichkeit und öffentlichem Raum bewirken. Das Konzept des allgemein zugänglichen öffentlichen Raumes könnte durch die Partikularnormen der Eigentümer außer Kraft gesetzt werden. Es wäre durchaus möglich, dass sich ein Raster von privilegierten und bewachten Sicherheitsinseln bildet.

---

361 Lebenslagen in Deutschland, Daten und Fakten, Materialband zum ersten Armuts- und Reichtumsbericht der Bundesregierung, a.a.O.

362 Vgl. Schnekenburger, a.a.O. S. 47.

363 Vgl. Wehrheim, Jan: Die überwachte Stadt. Sicherheit, Segregation und Ausgrenzung, Dissertation, Oldenburg, S. 44.

364 Vgl. Blakely, Edward J. / Snyder, Mary G.: Fortress America. Gated Communities in the USA, 2. Aufl., Washington D.C. 1999, S. VIII.

365 Vgl. Rada, Uwe (o.J.): Die Grenzen von Arkadien. Am Glienicker Horn in Potsdam schottet sich ein luxuriöser Wohnsicherheitstrakt vom Rest der Welt ab, unter: http://uwe-rada.de/publikationen/beitraege2.html, Zugriff vom 10.01.2004.

Die Möglichkeit, *gated communities* als explizit ausgewiesene private Gebiete öffentlichen Charakters zu bilden, ist jedoch nur ein Aspekt einer neuen Verteilung von Sicherheit in der Bevölkerung. Daneben lassen sich tiefgreifende sozial-räumliche Veränderungen insbesondere in den größeren Städten feststellen. Dieser Aspekt kann hier leider nicht detaillierter diskutiert werden, denn er bedürfte einer eigenen komplexen Betrachtung. Gleichwohl lässt sich auch für Berlin die Entwicklung einer stark heterogenen und sozial fragmentierten Stadtgesellschaft nachweisen[366]. Insbesondere durch Gentrifizierung im Sinne einer Aufwertung verschiedener Wohngebiete vollzieht sich eine Verdrängung der angestammten Bevölkerung in preisgünstigere und weniger attraktive Gebiete[367].

Die Möglichkeiten der Ghettoisierung und Verslummung von Stadtteilen und damit eine Unterteilung in sichere und unsichere Gebiete sind auch in Berlin gegeben[368]. Im Januar 2004 legte die Berliner Polizei einen sogenannten Stadtteilatlas vor[369]. Darin werden neun Gebiete als sogenannte „Problemkieze“ mit hoher Kriminalitätsbelastung genannt. Es handelt sich dabei durchgängig um Gebiete mit einem hohen Anteil ausländischer Bevölkerung. Zwar existieren nach den Aussagen Innensenator Körtings noch keine *no-go-areas*, verstanden als Gebiete, in denen die Polizei und andere Bürger von den Anwohnern nicht geduldet werden. Es bestehe jedoch ein „Risiko, dass diese Kieze in Richtung Ghettoisierung abkippen“[370].

---

366 Vgl. Häußermann, Hartmut / Kapphahn, Andreas (2000): Berlin: Von der geteilten zur gespaltenen Stadt? Sozialräumlicher Wandel seit 1990, Opladen, S. 20f.

367 Vgl. ebd.

368 Vgl. ebd. 269f.

369 Vgl. Kopietz, Andreas / Thomsen, Jan: Die Problemkieze liegen im Westen. Polizei legt Stadtteilatlas vor, in: Berliner Zeitung Nr. 10, 15.01.2004, S. 15.

370 Zitiert: Körting, Erhart, in: Kopietz / Thomsen, a.a.O.

7.2. Das Produkt Sicherheit im System von Angebot und Nachfrage

Neben den bereits erwähnten Rentabilitäts- und Effizienzargumenten bildet die Vermarktung des Versprechens nach Sicherheit das Kernstück der Leistungsphilosophie des privaten Sicherheitsgewerbes. Wäre es weit hergeholt zu unterstellen, das private Sicherheitsgewerbe produziere Unsicherheit, um die Nachfrage seines Produktes zu sichern? Wie folgende Beispiele zeigen, lassen sich Elemente finden, die diese Vermutung bestätigen.

So betonen Vertreter des Gewerbes immer wieder, dass das Unsicherheitsgefühl der Bevölkerung ständig steigt. Der größte Verband in der Bundesrepublik Deutschland, der BDWS, führt im aktuellen europäischen Sammelwerk aus, dass das Sicherheitsgefühl der Bevölkerung in den vergangenen Jahren „immer stärkere Beeinträchtigungen" erfahren habe[371]. Eine tabellarische Auflistung dazu erfolgt nur im öffentlichen Bereich. Demzufolge fühlten sich in der Stadt, beim Einkaufen, in Verkehrsmitteln und beim Spazieren gehen ca. 6,7% stark und 29,4% etwas bedroht[372]. Zwar wird in dieser Darstellung berücksichtigt, dass das Sicherheits- bzw. das Unsicherheitsgefühl eine psychologische Größe ist und sich im Unterschied zu der subjektiven Gefährdungseinschätzung die objektive Kriminalitätslage nicht verschlechtert habe.

Des Weiteren wird angeführt, dass sich die Kriminalitätsangst aus verschiedenen Quellen speist wie z.B. der von den "Medien fokussierten und vervielfachten Wahrnehmung von Gewaltverbrechen"[373]. Diese Sichtweisen mit einzubinden, scheint in der Branchendarstellung nicht die Regel zu sein. Doch auch hier fehlen Vergleichszahlen, die überhaupt erst eine Interpretation über Zu- oder Abnahme des Sicherheitsgefühls zulassen. Stattdessen wird allein aus diesen wenigen Zahlen gefolgert: „Die Furcht, selbst Opfer einer Straftat zu werden, wächst und beeinflusst zunehmend den Lebensstil der Bürger"[374]. Dies zeigt einen höchst unsensiblen Umgang mit statistischem Material. Zudem sind die Angaben von 30,5% der befragten Personen, die sich im öffentlichen Bereich weniger bedroht bzw. mit 33,5%[375] gar nicht bedroht

---

[371] Ottens, Reinhard W. / Olschock, Harald / Landrock, Stephan (Hrsg.) (1999): Recht und Organisation privater Sicherheitsdienste in Europa, Stuttgart, S. 175f.

[372] Vgl. ebd.

[373] Vgl. ebd.

[374] Ebd.

[375] Vgl. Ottens / Olschock / Landrock, a.a.O. S. 176.

fühlen, keine weitere Erwähnung wert. Insbesondere der Fakt, dass sich der größte Anteil aller befragten Gruppen im öffentlichen Bereich gar nicht bedroht fühlt, dürfte wohl nur schwer in das Selbstverständnis einer auf privaten Schutz und Sicherheit ausgerichteten Organisation passen. Daneben zeigt die Tatsache, dass auch im privaten Bereich und am Arbeitsplatz nach dem Bedrohungsgefühl gefragt, dieses jedoch nicht statistisch aufgeschlüsselt wurde, dass wiederum der Fokus auf einer Rolle im öffentlichen Raum liegt.

Ähnlich wie an diesem Beispiel wird auch oft mit den Daten der Polizeilichen Kriminalstatistik (PKS) verfahren. Die Zahlen der PKS stellen kein genaues Abbild der Verbrechenslage dar, sondern zeigen lediglich die jährlich durch die Polizei erfassten Straftaten. Die Zuwächse hier können auch aus verändertem Anzeigeverhalten oder der Variation polizeilicher Fokussierung resultieren[376].

Nichtsdestotrotz werden die Daten sowohl von Seiten der Branche, aber auch von politischen Akteuren, Vertretern der Polizei und der Medien regelmäßig überzogen. Immer wieder werden die Zahlen als „massive Zunahmen" interpretiert oder es wird von einer „neuen Gefahrenlage" gesprochen[377]. Es kann hier durchaus behauptet werden, dass das statistische Material für die jeweiligen Interessen instrumentalisiert wird[378].

Ungeachtet ihrer methodologischen Probleme stagnieren die Zahlen der PKS seit Mitte der 90er Jahre bzw. sind leicht rückläufig, jedoch auf hohem Niveau. So wurden im Jahr 2002 im gesamten Bundesgebiet 6.507.394 Straftaten erfasst[379]. Damit stieg die Zahl im Vergleich zum Vorjahr um 2,3% an. Im Vergleich zu 1995 mit 6.668.717 oder 1993 mit 6.750.613 Delikten ist die Anzahl der Straftaten jedoch gesunken[380].

---

376 Vgl. zusammenfassend: Lehne, Werner (1998): Politische Instrumentalisierung von Kriminalstatistiken, in: Bürgerrechte und Polizei / cilip Nr. 48, H. 2, S. 61 – 66.

377 Vgl. ebd.

378 Vgl. ebd.

379 Pressemitteilung des Bundesministeriums des Innern (BMI), unter: http://www.gpec.de/pressemitteilung/01b1f493840698a01.html, Zugriff vom 06.01.2004.

380 Vgl. ebd.

Die PKS für Berlin zeigt für das Jahr 2002 ein Straftatenaufkommen von 584.020 und damit eine Erhöhung gegenüber dem Vorjahr um 2,1%[381]. Vom Jahr 2000 zu 2001 erhöhte sich die Anzahl ebenfalls um 2,7%[382]. Gegenüber dem Höchststand des Jahres 1996 mit 594.393 erfassten Straftaten ist jedoch insgesamt ein Rückgang um 3,7% zu verzeichnen[383]. Daneben hat sich die Aufklärungsquote in den vergangenen Jahren erhöht. Zwar ging sie bundesweit im 2002 mit 52,6% gegenüber dem Jahr 2001 mit 53,2% geringfügig zurück[384]. Im Vergleich zu 1997 mit 50,6% oder zu 1993 mit 43,8% ist jedoch ein deutlicher Zuwachs zu erkennen. In Berlin ist 2002 die Quote mit 297.963 aufgeklärten Straftaten gegenüber dem Vorjahr um 1,3% auf 51,0% angestiegen und hat damit den höchsten Wert seit 34 Jahren erreicht[385]. Sowohl die Stagnation der Straftaten als auch die Erhöhung der Aufklärungsquoten werden in der öffentlichen Diskussion meist vernachlässigt.

Neben den genannten Beispielen ist auffällig, dass private Sicherheitsanbieter in ihrer Werbung an die Unsicherheiten der potenziellen Kundschaft appellieren. Hier zwei Beispiele der Plakatwerbung, die sich an die Bevölkerung richtet: „‚Das Problem steht direkt vor Ihrer Tür! Sichern Sie sich gegen unliebsamen Besuch' (Von außen sieht man in ein Wohnzimmer, in dem eine junge Frau arglos in ihre Lektüre vertieft ist), ‚Wir prüfen die Sicherheit Ihres Zuhauses – Bevor es Andere tun' (Jemand hantiert am Türschloss)“[386].

Diese Werbestrategie zielt eindeutig darauf ab, Unsicherheiten zu wecken bzw., dies wäre wohl eher im Sinne der Branche, sie zu erkennen und entsprechenden Schutz käuflich zu erwerben. Das scheinbar einzig wirksame Mittel stellt ein Unternehmen so dar: „Wir sind neugierig. Wir sind penetrant. Wir sind unerbittlich. Genau wie die

381 Pressemitteilung des Landes, unter: http://www.berlin.de/SenInn/Presse/1403.html, Zugriff vom 06.01.2004.

382 Pressemitteilung des Landes, unter: http://www.berlin.de/SenInn/Presse/pm_1902.html, Zugriff vom 06.01.2004.

383 Vgl. ebd.

384 Pressemitteilung des BMI, a.a.O.

385 Pressemitteilung des Landes, unter: http://www.berlin.de/SenInn/Presse/1403.html, Zugriff vom 06.01.2004.

386 Nogala, Detlef (1998): Detlef Nogala: Sicherheit verkaufen. Selbstdarstellung und markstrategische Positionierung kommerzieller ‚Sicherheitsproduzenten', in: Hitzler, Ronald / Peters, Helge (Hrsg.): Inszenierung Innere Sicherheit. Daten und Diskurse, Opladen, S. 134.

Leute, vor denen wir Sie schützen"[387]. Eingriffe und Grenzüberschreitungen werden in dieser Darstellung eindeutig legitimiert. Es soll hier nicht bestritten werden, dass Einbrüche und Gewalttaten existieren. Eine Instrumentalisierung in diesen Formen zielt jedoch darauf ab, Ängste zu schüren und das Bedürfnis nach zusätzlichem Schutz zu wecken. Ergänzend hierzu wird oft angeführt, dass die Polizei allein nicht mehr in der Lage sei, die Aufrechterhaltung der Öffentlichen Sicherheit zu gewährleisten.

Alle Beispiele zeigen, dass die Suggestion von Unsicherheit und Gefahr eine bedeutende Größe sowohl in der Selbstdarstellung als auch in der Werbung des privaten Sicherheitsgewerbes spielt. Damit wird in der Tat Unsicherheit geweckt bzw. produziert. Folgt man den Mechanismen von Angebot und Nachfrage, so lässt sich tatsächlich sagen, dass die Branche ihren Absatz organisiert. Die ohnehin vorhandenen Kriminalitätsängste – nach Ostendorf liegen die Deutschen in Bezug auf die Kriminalitätsfurcht weltweit an oberster Stelle, objektiv gehört die Bundesrepublik jedoch zu den sichersten Staaten[388] – werden auf diese Weise erhöht. Auch die sich aus der soziologischen Spaltung der Bevölkerung ergebenden Verlustängste werden so unterstützt. Wahrscheinlich wird sich diese Form der Werbung noch verstärken, denn wie Beste ausführt, besitzt die Branche mehr Potenzial, als nachgefragt wird[389].

Zusammenfassend zeigt sich, dass die Kommodifizierung von Sicherheit eine Folge des Überführens des Gutes Sicherheit in die marktwirtschaftlichen Mechanismen von Angebot und Nachfrage ist. Das private Sicherheitsgewerbe als dessen zentraler Anbieter unterstützt diesen Prozess, indem es Unsicherheitsgefühle der Bevölkerung in seiner Selbstdarstellung und Werbung instrumentalisiert. Des Weiteren liegt auf der Hand, dass sich nur finanzkräftige Bevölkerungsgruppen einen privaten Schutz kaufen können.

Die Kommodifizierung von Sicherheit reflektiert vor diesem Hintergrund eine zunehmende soziologische Polarisierung der Bevölkerung. Zum einen kann daraus eine neue sozial-räumliche Strukturierung der Gesellschaft entstehen. Zum anderen werden sich genau diejenigen gesellschaftlichen Gruppen, die am stärksten Opfer und

---

[387] Vgl. ebd. S. 131.

[388] Vgl. Ostendorf, Heribert (2001): Chancen und Risiken von Kriminalprävention, in: ZRP 33. Jg., H. 4, S. 152.

[389] Vgl. Beste (2000), S. 326.

Ziele von Kriminalität sind, diesen zusätzlichen Schutz nicht leisten[390]. Dazu gehören in Berlin nicht nur sogenannte soziale Randgruppen wie Obdachlose oder Bettler, vielmehr entwickeln sich insbesondere in der ausländischen Bevölkerung in den 90er Jahren Armutstendenzen[391]. Zirka 80% aller ausländischen Kinder wachsen in Armut oder prekären Verhältnissen auf. Von daher ist es nur zwangsläufig, dass alle o.g. „Problemkieze" explizit einen hohen ausländischen Bevölkerungsanteil aufweisen. Zudem haben auch die rassistisch motivierten Übergriffe in den vergangenen Jahren in Berlin zugenommen[392]. In einem neuen System der Verteilung von Sicherheit scheinen sozial benachteiligte oder unterprivilegierte Gruppen vielmehr der Part zu sein, vor dem es sich zu schützen gilt. Die bereits bestehende soziale Ungleichheit wird somit auf mehreren Ebenen verstärkt[393].

---

[390] Vgl. u.a. Beste (2000), S. 44.

[391] Vgl. TOPOS Stadtforschung (2000): Einkommens- und Armutsbericht 2000, Berlin, S. 35.

[392] Pressemitteilung des Landes, unter: http://www.berlin.de/SenInn/Presse/1403.html, Zugriff vom 06.01.2004.

[393] Vgl. Voß, a.a.O. S.43f.

8. Die Neukonstruktion des öffentlichen Raums – private Sicherheitskräfte im Einsatz

8.1. Der Arbeitsbereich des halböffentlichen Raums

Da private Räume des öffentlichen Lebens der Kontrolle des privaten Sicherheitsgewerbes unterstehen, ist zu klären, ob sich eine zunehmende Privatisierung des öffentlichen Raumes abzeichnet.

Im Zuge der o.g. sozialräumlichen Veränderungen wird auch dieses Thema verstärkt seit Mitte der 90er Jahre thematisiert. Doch trotz wissenschaftlicher Diskussion liegt kein empirisches Material vor, was eine plastische Gegenüberstellung von öffentlichem und privatem Raum ermöglichen würde. Dies gilt auch für Berlin. Es lassen sich nur ausgewählte Orte nennen wie der Verkauf des Breitscheidplatzes und Los-Angeles-Platzes[394] an Private. Es gab (oder gibt, dies lässt sich nicht nachprüfen) Vorschläge, Fußgängerzonen zu vermieten oder öffentliche Straßen zu verkaufen[395].

Des Weiteren existierten Ende der 90er Jahre Pläne, ganze U-Bahnhöfe zu veräußern[396]. So sollte der U-Bahnhof Johannistaler Chaussee dem Betreiber des darüber liegenden Einkaufszentrums Gropiuspassagen überlassen und umbenannt werden[397]. Die U-Bahnhöfe Siemensstadt und Rohrdamm sollten an Siemens, der U-Bahnhof Wittenbergplatz und der U-Bahnhof Leopoldplatz an Karstadt verkauft werden[398]. Inwieweit diese Pläne umgesetzt wurden, lässt sich aktuell nicht nachvollziehen. Der U-Bahnhof Johannistaler Chaussee wurde bisher nicht umbenannt.

Grundsätzlich jedoch fügen sich diese Vorhaben ein in den in Berlin am verbreitetsten Vorgang der Privatisierung des öffentlichen Raumes, der Errichtung von *shopping malls*. Wie unter Ziffer 2.3. erläutert, zeichnet sich hier eine deutliche Zunahme dieser scheinbar öffentlichen Räume ab.

---

394 Vgl. Kirsch, (2003), S. 49.
395 Vgl. Eick (1995), S. 138.
396 Vgl. Kirsch, ebd. 48.
397 Vgl. ebd.
398 Vgl. ebd.

In halböffentlichen Räumen übt das private Sicherheitsgewerbe das Hausrecht aus. Und auch wenn die Polizei hier nach wie vor das staatliche Gewaltmonopol repräsentiert und – wie betont wird – keinesfalls Personal abziehen würde[399], so lässt sich doch sagen, dass sich mit der Zuordnung dieser Räume unter primär private Verantwortlichkeit sehr wohl eine Privatisierung des öffentlichen Raumes vollzieht, wenn auch in nuancierter Form.

Wie Nitz ausführt, erfolgt auf diesem Wege eine Substitution des öffentlichen Interesses durch das private Interesse des Hausrechtsinhabers[400]. Es lässt sich erkennen, dass die Angestellten des privaten Sicherheitsgewerbes gegenüber der Bevölkerung ein Art Filterfunktion in diesen Räumen ausüben. Als unerwünscht gelten hier Gruppen, die sich nicht am Konsum beteiligen können wie Obdachlose, Bettler etc. oder Gruppen, die Räume für Treffen suchen wie Jugendliche. Der gleiche Zugang für alle, gleichwohl durch den öffentlich zugänglichen Charakter der Gebiete suggeriert, entpuppt sich letztendlich als engmaschiger Filter.

In den geltenden Hausordnungen werden dazu entsprechende Verweise geschaffen. Nicht nur das altertümliche Betteln und Hausieren wird hier verboten, sondern bereits das darauf hinweisende Vorfeld – der „unnötige Aufenthalt" – ist in vielen Einkaufscentern „unerwünscht"[401]. Die Partikularnormen des Eigentümers bestimmen hier eindeutig den Zugang. Gleichheitsansprüche gelten nicht und die Teilnahme am öffentlichen Leben wird nicht allen Bürgerinnen und Bürgern ermöglicht. Damit lässt sich ein modifiziertes System von Öffentlichkeit erkennen. Die grundsätzlichen Prinzipien des öffentlichen Raumes werden unterlaufen.

---

399 Vgl. Anlage 4.

400 Vgl. Nitz, a.a.O.

401 In der Hausordnung der Potsdamer Platz Arkaden war dieser Begriff nur kurzzeitig vermerkt. Vgl. dazu Petersen, a.a.O. In anderen *malls* wie dem Lindencenter in Hohenschönhausen ist das Verbot nach eigenen Beobachtungen enthalten.

8.2. Der Arbeitsbereich des öffentlichen Raums

Diese Ausgrenzungstendenzen finden sich nicht nur im privatisierten, sondern auch in dem weiterhin als öffentlich geltenden Raum. Neben den Kontrollen in Wohngebieten entwickeln sich City-Streifen, die im Auftrag von Einzelhändlern vermeintliche Störer oder potenzielle Diebe fernhalten bzw. abschrecken sollen. Nach Brunst existieren derzeit in ca. 80 deutschen Städten solche Streifen[402].

In Berlin beauftragten neben der o.g. AG City am Kurfürstendamm auch die Einzelhändler der Wilmersdorfer Straße eine Sicherheitsfirma, die „gegen Bettler, Taschendiebe und betrunkene Radfahrer vorgehen sollte"[403]. Auf Trekkingfahrrädern sollten zwei Angestellte Streife fahren, ein weiterer Mitarbeiter sei in Zivil unterwegs. Sie wurden mit Funkgeräten, Notruftelefon, Fotoapparaten und für den „Notfall" auch mit Handschellen und einer Waffe ausgerüstet[404]. Eindeutiges Ziel der Aktion war die Abschreckung sogenannter „zwielichtiger Gestalten"[405].

Ob diese Firma auf der Wilmersdorfer Straße noch arbeitet, kann aktuell nicht nachgeprüft werden. Die gezeigten Beispiele demonstrieren jedoch, dass insbesondere ärmere Menschen wie Obdachlose, Bettler und mittellose Migranten eine wesentliche Zielgruppe der Kontrollmechanismen des privaten Sicherheitsgewerbes bilden[406]. Es wird auch deutlich, dass die Partikularnormen als Handlungsanleitung des privaten Sicherheitsgewerbes nicht allein auf den privaten und halböffentlichen Raum beschränkt bleiben. Mit der Präsenz im öffentlichen Raum vollzieht sich vielmehr eine wohl zwangsläufige Ausweitung dieser Handlungslogik in den öffentlichen Raum.

Damit kann zwar nicht gesagt werden, dass sich das staatliche Gewaltmonopol auf dem Rückzug befindet. Es ist jedoch möglich, dass sich das private Sicherheitsgewerbe als zusätzlicher Akteur im System der Öffentlichen Sicherheit etabliert und modifizierte Zugangsbeschränkungen installiert.

---

402 Vgl. Brunst (2004), S. 57.

403 o.T., Berliner Kurier, 27.05.2000, o.S., aufgeführt unter: http://www.is-kassel.de/~safercity/2000/kurz260800.htmlsafercity, Zugriff vom 20.11.2003.

404 Zitat Bonk, Thomas, AG Wilmersdorfer Str., ebd.

405 Vgl. ebd.

406 Vgl. u.a. Rada, Uwe: Die City ist nicht für alle da – Bettler sollen raus aus den Innenstädten, in: taz, o.Nr., 31.05.1997, o.S.

Wie weit das private Sicherheitsgewerbe dabei gehen darf und ob sich hier eine Anmaßung von Eingriffsbefugnissen oder polizeilichen Handlungen entwickelt, soll im Folgenden geprüft werden.

8.3. Anmaßung von Eingriffsbefugnissen

Aus dem vorliegenden empirischen Material insbesondere der Studien von Petersen und Kirsch geht hervor, dass sich das Gros der Aufgaben des privaten Sicherheitsgewerbes in Berlin auf einfache Schließ- und Kontrolltätigkeiten ohne Eingriffsbefugnissen gegenüber Dritten bezieht[407]. Diese Tätigkeiten unterliegen dem Hausrecht und berühren das staatliche Gewaltmonopol nicht. Gleichwohl finden sich jedoch vielfältige Hinweise, die eine Überschreitung der Befugnisse des privaten Sicherheitsgewerbes auch in Berlin thematisieren.

Ein Beispiel bildet das in der Einleitung zitierte Ereignis im Tagesspiegel, bei dem ein Kameramann von Angestellten eines privaten Sicherheitsunternehmens über den Bahnsteig geschleift wurde. Des Weiteren beschreibt Kirsch in seiner Analyse über das Wohngebiet Neu Karow, dass der hier Ende der 90er Jahre beauftragte Sicherheitsdienst in „Wildwest-Manier“ auch „die ‚normalen‘ Jugendlichen unter Beschimpfungen und Gewalteinsatz“ vertrieben hätte[408]. Nach der Räumung des autonomen Wohnprojektes in der Rigaer Str. 94 im Mai 2003 wurde eine private Firma mit der Bewachung des Gebäudes beauftragt[409]. Dabei nahmen die Angestellten Identitätsfeststellungen vor und wurden offenbar auch tätlich. "Dabei geht auch mal die Kamera eines Fotografen zu Bruch, ein Teleskopschlagstock wird ausgefahren oder ein Mann in der Wagentür eingeklemmt“[410].

Nach einer anonymen Information vom Mai 2003 existiert in Berlin eine Sicherheitsfirma, die ihre Angestellten mit imitierten Uniformen der Polizei einkleidet und im öffentlichen Raum patrouillieren lässt. Daneben existieren auch institutionelle Verflechtungen wie die Zugehörigkeit von Flüchtlings- und Obdachlosenheimen und der

407 Zusammenfassend Kirsch, (2003), Petersen, a.a.O.

408 Vgl. Kirsch ebd. S. 38.

409 Vgl. Norden, Arne: Hinter Gittern, in: Jungle World, 21.05.2003, o.Jg., o.S, unter: http://www.jungle-world.com/seiten/2003/21/938.php, Zugriff vom 15.11.03. u. o.V.: Rigaer Straße: Wachschutz vorm Besetzerhaus, in: Berliner Morgenpost, o.Nr., 14.05.2003, o.S.

410 Norden, Ebd.

Berliner Sicherheitsfirma B.O.S.S. zur selben Betreibergruppe[411]. Wie Eick ausführt, wurden von dieser Firma, die auch den Betrieb und die Sicherung der Heime organisiert, soziale Randgruppen wie Obdachlose oder Migrantinnen und Migranten aus den kontrollierten Bahnhöfen in die „betriebseigenen Heime geprügelt und dort unter Verschluss und Kontrolle gehalten"[412]. Pro Bett und Monat wurden auf diese Weise 1.000 DM kassiert[413].

Die Liste über dokumentierte Übergriffe ließe sich beliebig erweitern[414]. Die angeführten Beispiele sollen lediglich belegen, dass Amtsanmaßungen und Übergriffe bis hin zur Imitation polizeilicher Beamter sowohl im öffentlichen als auch im halböffentlichen Raum stattfinden. Es ist jedoch statistisch schwer zu belegen, ob diese Vorgehensweise üblich und damit möglicherweise eine strukturelle Eigenschaft der Branche ist. Anhand von Einzelfällen lässt sich jedoch vermuten, dass hier ein Zusammenhang besteht.

So bezeichnen Vertreter des Berliner Fahrgastverbandes IGEB e.V. Übergriffe durch Kontrolleure und ihr rüdes Verhalten als „systemimmanent"[415]. Im Jahre 2003 waren die Kontrollen in der BVG und auch der Einsatz privater Kräfte erheblich ausgeweitet worden. Die Bezahlung der Privaten richtet sich nach der Anzahl der erfassten Schwarzfahrer. Infolgedessen entsteht ein „kopfgeldähnlicher Leistungsdruck", der sich negativ auf den Umgang der Kontrolleure mit den Fahrgästen auswirkt. Innerhalb kurzer Zeit, so meldete die Berliner Tourismus Marketing GmbH (BTM) stiegen die Beschwerden insbesondere von ausländischen Fahrgästen um das Zehnfache an[416]. Die BVG wollte daraufhin das Fehlverhalten der Angestellten ahnden, grundsätzlich jedoch die Kontrolle auch mit Privaten ausweiten[417]. Statt der im Jahre 2003

---

411 Eick, Volker (1998:b): Neue Sicherheitsstrukturen im "neuen" Berlin (2.Teil). *Warehousing* öffentlichen Raums und staatlicher Gewalt, unter: http://www.comlink.de/cl-hh/r.borchers/mar99/berlin2.htm, Zugriff vom 13.03.2003.

412 Eick (1998:b), a.a.O.

413 Vgl. ebd.

414 Vgl. u.a. http://www.is-kassel.de/~safercity/2000/kurz260800.htmlsafercity, Zugriff vom 20.11.2003.

415 Rother, Richard: BVG soll selber kontrollieren, in: taz Berlin lokal Nr. 7136, 21.8.2003, S. 22.

416 Vgl. ebd.

417 Rother, Richard: BVG streut sich Asche aufs Haupt, in: taz Berlin lokal Nr. 7138, 23.8.2003, S. 33.

angestrebten 500.0000 Fälle sollen im Jahr 2004 zirka 700.000 gefunden werden[418]. Das hieße, die aktuell ca. 180 Kontrolleure müssten pro Tag 35 bis 45 Schwarzfahrer erwischen[419]. Schon jetzt gilt offenbar die Regel: Wer weniger als 12 hat, fliegt[420]. Einen Leistungsdruck durch Kopfgeldprämien sieht die BVG jedoch nicht[421].

An diesem Einzelfall lässt sich ein Zusammenhang zwischen erweiterten Kontrollmaßnahmen und dem zunehmendem Fehlverhalten von Angestellten bzw. den Beschwerden von Fahrgästen erkennen. Eine prozentuale Zu- oder Abnahme von Übergriffen durch die gesamte Expansion der Branche ist jedoch nicht nachweisbar. Dazu existiert kein Material und es lässt sich nur als Vorschlag weitergeben, eine solche Untersuchung im Rahmen einer wissenschaftlichen Arbeit anzufertigen. Zum einen wird zwar von der Branche selbst eine erhöhte Gewaltwahrscheinlichkeit vor allem im öffentlichen Raum anerkannt[422]. Zum anderen stellen insbesondere große Unternehmen im Rahmen der Verbandsarbeit des BDWS solche Vorkommnisse als Handlungsweise sogenannter unseriöser Billiganbieter dar[423]. Zurückzuführen sei dies auf das schlechte Ausbildungsniveau und die hohe Fluktuation der Branche. Dass sich hier insbesondere die Auswirkungen einer Politik widerspiegeln, die Gewährleistung von Sicherheit in ein kostenminimierendes und profitmaximierendes System zu überführen, wird nicht thematisiert. Vielmehr dient diese Darstellung einer Etablierung und Abgrenzung auf dem Sicherheitsmarkt[424].

Daneben steht auch das Problem, dass Polizeibeamte sich nicht immer an ihre gesetzlichen Grenzen halten. Allein im Jahr 1999 wurden in Berlin 967 Straf- und Ermittlungsverfahren gegen Polizeibeamtinnen und -beamte wegen Körperverletzung im Amt angestrengt[425]. Damit ist zwar die Zahl seit 1997 um 60 Verfahren, trotzdem

---

418 Aus eigener Beobachtung hat sich die Kontrollfrequenz zu Beginn 2004 stark erhöht, was jedoch auch auf den Wegfall des Sozialhilfetickets zurückzuführen ist.

419 Vgl. Rother, Richard: BVG streut sich Asche aufs Haupt, ebd.

420 Rother, Richard: BVG soll selber kontrollieren, a.a.O.

421 Vgl. ebd.

422 Vgl. Raber, Werner (1995). Private Sicherheitsdienste vor neuen Aufgaben, in: Der Sicherheitsdienst (DSD) Nr.16, S. 11ff., zitiert in: Nitz, a.a.O. S. 112.

423 Vgl. Nogala (1998), S. 142f.

424 Vgl. ebd.

425 Vgl. Kant, Martina (2000): Ausmaße von Polizeiübergriffen und ihre Sanktionierung. Über das Problem einer zahlenmäßigen Erfassung, in: Bürgerrechte und Polizei / cilip Nr. 67, H. 3, unter: http://www.cilip.de/ausgabe/67/kant.htm, Zugriff vom 07.01.2003.

weist Berlin weitaus höhere Raten als andere Bundesländer aus[426]. Es gilt zwar als sicher, dass dies im Wesentlichen aus unterschiedlichen Erfassungsmethoden resultiert bzw. auf eine mitunter äußerst laxe Kontrolle der Polizei zurückzuführen ist. Grundsätzlich jedoch zeigen sich auch tätliche Übergriffe durch Vertreterinnen und Vertreter der Polizei. Die Antwort auf die rein normative Frage nach einem „besser“ oder „schlechter“ des Auftretens verschiedener Akteure im System der Öffentlichen Sicherheit gestaltet sich vor diesem Hintergrund sehr schwierig.

Fest steht, seit dem ersten wesentlichen Auftritt des privaten Sicherheitsgewerbes im öffentlichen Raum 1973 in München als „Schwarze Sheriffs“ sind tätliche Übergriffe und Amtsanmaßungen ein beständiges Phänomen. Der Branche ist es in den vergangenen Jahren zwar gelungen, einen bedeutenden Akzeptanzwandel sowohl im öffentlichen Bild als auch im politischen Diskurs zu erreichen.

Gleichwohl gibt es regelmäßig Beispiele, die belegen, dass Angestellte privater Firmen gewalttätig vorgehen oder sich polizeiliche Befugnisse anmaßen. Dies allein auf die Handlungsweise kleiner sogenannter unseriöser Firmen zu reduzieren, griffe jedoch zu kurz. Denn zum einen offenbart sich in dieser Darstellung der Konkurrenzkampf um den Absatzmarkt von Sicherheit und zum anderen sind die Angestellten großer Firmen sehr wohl in den dokumentierten Übergriffen aufgeführt[427]. Eine definitive Zu- oder Abnahme von gewaltsamen Handlungen in den vergangenen Jahrzehnten oder Jahren lässt sich jedoch nicht nachweisen.

[426] Vgl. Kant, a.a.O.

[427] Statt aller: Eick (1998:a und b), a.a.O. und zusammenfassend; http://www.safercity.de.

8.4. Untersuchung der These 4

Zusammenfassend kann gesagt werden, dass sich auch in Berlin eine Zunahme privater Räume als Zentren öffentlichen Lebens vollzieht. Damit weitet sich der Arbeitsbereich des privaten Sicherheitsgewerbes aus. Auch wenn die Polizei hier weiterhin zuständig ist und ihre Verantwortung nicht wie in den USA an den Grenzen von *mass private property* endet[428], so lässt sich doch erkennen, dass sich die primäre Zuständigkeit zugunsten des privaten Hausrechtes verschiebt. Der verstärkte Auftritt des privaten Sicherheitsgewerbes im öffentlichen Raum bewirkt, dass die von der Branche vertretenen partikularen Normen ausgeweitet und der öffentliche Raum von der Handlungslogik der privaten Akteure durchdrungen wird.

Des Weiteren ist nachvollziehbar, dass sich die Umsetzung dieser Normen selektierend auf die Bevölkerung auswirkt. Insbesondere am Beispiel von *shopping malls* ist dabei der Zugang an ökonomische Kriterien gebunden. Öffentlicher und öffentlich zugänglicher Raum entspricht damit nicht mehr dem Kriterium der allgemeinen Zugänglichkeit. Es vollzieht sich vielmehr eine sukzessive Modifikation des öffentlichen Raumes, bei dem der Zugang spezifischen Kriterien unterworfen wird. Von daher kann These 4 umfassend bestätigt werden: *Öffentlicher Raum wird durch den verstärkten Einsatz der privaten Sicherheitsgewerbe modifiziert. Die von der Branche vertretenen Partikularnormen gewinnen an Bedeutung und bewirken eine Ausgrenzung insbesondere armer Bevölkerungsgruppen.*

[428] Vgl. Shearing / Stenning (1981), S. 213f.

9. Strategien der Öffentlichen Sicherheit in Berlin

9.1. Öffentliche Sicherheit als Standortfaktor

Mit der Krise des Fordismus beginnt sich in den Städten eine Sicherheitsdebatte zu entfalten[429]. In der Phase starken nationalen Wirtschaftswachstums wurden die Städte noch von den Investitionswünschen des Industriekapitals bedrängt[430]. Damit konnten sie eine starke Integrationskraft, verstanden als die Verbindung verschiedener Bevölkerungsgruppen und der Ausgleich sozialer und ökonomischer Faktoren, entfalten. In der postfordistischen Phase wurden die Städte jedoch durch Einnahmeausfälle und zunehmende soziale Probleme stark geschwächt[431]. Damit schwand und schwindet auch ihre Integrationskraft. Postfordistische Stadtpolitik vollzieht sich vor dem Hintergrund einer wachsenden Standortkonkurrenz.

Öffentliche Sicherheit bildet dabei eine wesentliche Voraussetzung für die erfolgreiche Abwicklung von Geschäften, die Akquisition von Investoren, die Anwerbung von Touristen, internationalen Messen u.ä.[432]. Als sogenannter weicher Standortfaktor entwickelt sich Öffentliche Sicherheit zu einem entscheidendem Kriterium in Konkurrenzkampf der Städte[433]. Berlin stand zu Beginn der 90er Jahre vor der Herausforderung, sich als „alte neue“ Hauptstadt bewähren zu müssen. Man wollte weg von der verlängerten Werkbank Westdeutschlands hin zu einem Platz in der Liga der Weltstädte. Der frühere regierende Bürgermeister Eberhard Diepgen (CDU) bezeichnete dieses Ziel als den „Umstieg von der Postkutsche zum Rennwagen“ [434].

Der Standortfaktor Öffentliche Sicherheit bildete in diesem Vorhaben einen wichtigen Aspekt, auch im Hinblick auf die diskutierten Bedrohungen grenzüberschreitender Kriminalität aus Osteuropa. Dementsprechend zieht sich die Wahrung der Öffentlichen Sicherheit als ein Schwerpunkt durch das Berliner Stadtbildmanagement der

---

429 Vgl. Beste (2000), S. 19.

430 Vgl. Häußermann / Kapphahn, a.a.O. S. 22.

431 Vgl. ebd.

432 Vgl. u.a. Jaschke, Hans-Gerd (1997): Öffentliche Sicherheit im Kulturkonflikt. Zur Entwicklung der städtischen Schutzpolizei in der multikulturellen Gesellschaft, Frankfurt am Main, 1997, S. 71f.

433 Vgl. zusammenfassend: Grabow, Busso / Henckel, Dietrich / Holbach-Grömig, Beate (1995): Weiche Standortfaktoren, in: Schriften des Deutschen Instituts für Urbanistik, Bd. 89, Berlin, S. 63ff.

434 Eick (1995), S. 129.

90er Jahre[435]. In diesem Zusammenhang wurde auch die Anwendung des New Yorker Modells der *zero tolerance* diskutiert[436]. Es beinhaltet ein rigoroses Vorgehen gegen Kleinkriminalität und sogenannte *Disorder-Delikte* wie Lärmen und Verschmutzung. Innensenator Jörg Schönbohm (CDU) setzte sich dafür ein und der frühere CDU-Fraktionschef Klaus Landowsky forderte 1997 im Berliner Tagesspiegel offen *zero tolerance* in Berlin ein[437].

Von einer Anwendung dieses Modells nach New Yorker Maßstäben kann in Berlin (noch) keine Rede sein. Trotzdem steht die Frage, welche Strategien unter wachsendem ökonomischem Druck und Standortkonkurrenz bei kontinuierlicher Zunahme sozialer Probleme – Mitte der 90er Jahre gab es in Berlin bundesweit die meisten Obdachlosen[438] – zur Wahrung der Öffentlichen Sicherheit eingeschlagen wurden. Im Folgenden soll dies an ausgewählten Beispielen der jüngeren Berliner Polizeipolitik untersucht werden. Die Polizei-Strukturreform des Berliner Modells im Jahre 1998 soll hier aus Platzgründen vernachlässigt werden. Gleichwohl war es ein erklärtes Ziel dieses Modells, vor allem die Streifentätigkeit zu erhöhen.

9.2. Polizeipolitik des Landes Berlin

9.2.1. Die Novellierung des ASOG 1999

Das Allgemeine Gesetz zum Schutz der Öffentlichen Sicherheit und Ordnung in Berlin (ASOG) – kurz Berliner Polizeigesetz – wurde in der bestehenden Form am 14.04.1992 erlassen[439]. Es bildet wie eingangs bereits erwähnt die wesentliche Handlungsgrundslage der Berliner Polizei für den Erhalt der Öffentlichen Sicherheit. Eine der bedeutendsten Novellierungen des ASOG erfolgte im Jahre 1999. Am 23.02.1999 brachten die Fraktionen der CDU und SPD im Abgeordnetenhaus von Berlin einen Antrag über ein Gesetz zur Veränderung des ASOG ein[440]. Es wurde u.a. beantragt, den §18 ASOG „Ermittlungen, Befragungen, Datenerhebungen“ um einen Absatz zu

---

435 Vgl. Rada (2000), S. 173 ff.

436 Zusammenfassend Friedrich-Ebert-Stiftung, Berliner Büro (1998): New York! New York? Kriminalprävention in den Metropolen, Internationale Fachtagung der Friedrich-Ebert-Stiftung Berlin am 11. und 12.05.1998, Berlin.

437 Vgl. Rada (2000), ebd.

438 Vgl. Eick (1995), S. 129.

439 Allgemeines Gesetz zum Schutz der Öffentlichen Sicherheit und Ordnung in Berlin, a.a.O.

440 Antrag der Fraktion der CDU und der Fraktion der SPD, Gesetz zur Änderung des Allgemeinen Sicherheits- und Ordnungsgesetzes, 23.02.1999, Abgeordnetenhaus Berlin Drs. 13/3511.

erweitern, der die Polizei dazu ermächtigt, im „öffentlichen Verkehrsraum angetroffene Personen kurzzeitig anzuhalten, zu befragen und zu verlangen, dass mitgeführte Ausweispapiere zur Prüfung ausgehändigt werden sowie mitgeführte Sachen in Augenschein zu nehmen"[441]. Umgangssprachlich werden diese Überprüfungen als „verdachtsunabhängige Kontrollen" oder „Schleierfahndungen" bezeichnet.

Des Weiteren wurde vorgeschlagen, den §29 ASOG „Platzverweisung" um die Kategorie „Aufenthaltsverbot" zu erweitern. Demnach soll die Polizei laut beantragtem §29 Abs.2 befähigt werden, „zur Verhütung von Straftaten einer Person zu untersagen, ein bestimmtes Gebiet innerhalb von Berlin zu betreten oder sich dort aufzuhalten, wenn Tatsachen die Annahmen rechtfertigen, dass die Person dort eine Straftat begehen wird (Aufenthaltsverbot)"[442].

Der Antrag wird begründet mit der Feststellung, dass die grenzüberschreitende Kriminalität in Berlin eine große Rolle spielt und die Bekämpfung dieser Kriminalitätsform heute nicht mehr streng fallbezogen erfolgen könne. Vielmehr müssten der Berliner Polizei „stärker als bisher gesetzliche Möglichkeiten an die Hand gegeben werden, grenzüberschreitende Kriminalität vorbeugend zu bekämpfen"[443]. Es ist naheliegend, dass mit dieser grenz-überschreitenden Kriminalität insbesondere potenzielle Täter aus dem osteuropäischen Raum gemeint sind. Die Warnung vor den kriminellen Gefahren, die eine Öffnung der östlichen Grenze mit sich bringt, werden in populistischen Medien, aber auch im politischen Diskurs oft genug zitiert.

Daneben suggeriert die Bezeichnung der „Grenzüberschreitung" eine Verbindung zu einer der wesentlichsten Ausrichtungen der Politik der Inneren Sicherheit, der Organisierten Kriminalität. Dieser Aspekt soll jedoch hier nicht weiter diskutiert werden. Denn grundsätzlich lässt sich erkennen, dass mit dieser Novellierung des ASOG eine erhebliche Ausweitung kontrollierender und sanktionierender Befugnisse der Polizei im öffentlichen Raum erfolgte. Und es ist zu vermuten, dass diese Befugnisse sich nicht nur auf potenzielle Täter der sogenannten grenzüberschreitenden Kriminalität beschränken.

---

[441] Abgeordnetenhaus Berlin Drs. 13/3511.
[442] Ebd.
[443] Ebd.

Zum einen wird dieses Kriterium, so schwer fassbar es auch sein mag, nur in der Begründung, nicht jedoch im geplanten Gesetzestext erwähnt. Zum anderen wäre es schwer vorstellbar, dass sich ein solches Instrument, wenn es erst einmal in der Praxis angewandt wird, nur für bestimmte „Kriminalitätsgruppen" eignen sollte. Die Rolle der polizeilichen Beobachtung für die Kriminalprävention wird mit der neuen Regelung erhöht. Sogenannte Vorfeldermittlungen gewinnen gegenüber dem konkreten Anfangsverdacht als Beginn konkreter Ermittlungen an Bedeutung. Dabei ist der Ausbau von Sicherheitsmaßnahmen zwangsläufig mit dem Abbau von Grund- und Bürgerrechten verbunden.

Die Fraktionen der Großen Koalition beantragten hier, den §66 ASOG „Einschränkung von Grundrechten" dahingehend zu verändern, dass nicht mehr nur die Grundrechte auf Freiheit der Person (Art.2 Abs.2 S.2 GG) und die Unverletzlichkeit der Wohnung (Art.13 GG), sondern nunmehr auch das Recht auf Freizügigkeit (Art.11 GG) eingeschränkt werden[444]. Dies sei eine Konsequenz aus der Einführung eines „längerfristigen" Aufenthaltsverbotes, so SPD und CDU in ihrer Begründung[445]. Die oft formulierte These, dass der Ausbau sicherheitspolitischer Maßnahmen eine Aushöhlung und Beschränkung der Grundrechte nach sich zieht, findet in der Novellierung des ASOG von 1999 seinen konkreten Niederschlag.

Mit den Stimmen der Großen Koalition wurde das Gesetz zur Veränderung des ASOG am 29.04.1999 im Berliner Abgeordnetenhaus verabschiedet[446]. Zu Recht kann hier eine „Verschärfung des ASOG"[447] und eine Erweiterung polizeilicher Befugnisse im öffentlichen Raum gesehen werden. Dieser Fakt widerspricht der Vermutung, dass sich das staatliche Gewaltmonopol im öffentlichen Raum auf dem Rückzug befindet. Betrachtet man das Gewaltmonopols als Fähigkeit des Eingriffs in Grund- und Bürgerrechte, so lässt sich eher eine Verstärkung erkennen, parteiübergreifend getragen von der damaligen Großen Koalition.

444 Vgl. Abgeordnetenhaus Berlin Drs. 13/3511.

445 Vgl. ebd.

446 Gesetz zur Änderung des ASOG, Plenarprotokoll Drs. 13/62, 29.04.1999, Abgeordnetenhaus Berlin Drs. 13/3596.

447 Vgl. u.a. Humanistische Union e.V. (1999): Nachrichten, H. 3, unter: http://www.humanistische-union.de/mitteilungen/162-172/hu/nummer165/023.htm, Zugriff vom 12.01.2004.

Neben diesen Beispielen wurde in dem genannten Beschluss auch die Unterrichtungspflicht nach der fünfjährigen Speicherung personenbezogener Daten gestrichen. Laut CDU und SPD wurde sei dies notwendig, nachdem sich der Unterausschuss Datenschutz am 29.09.1998 für eine Streichung ausgesprochen hatte[448]. Damit verloren die betroffenen Bürger und Bürgerinnen ihr Recht auf Unterrichtung über die Speicherung ihrer Daten. Eine nähere Begründung erfolgte nicht. Demgegenüber wurde eine Kompetenzerweiterung des Freiwilligen Polizeidienstes beschlossen. Dieser Dienst arbeitete nicht auf ökonomischer, sondern ehrenamtlicher Basis. Deshalb konnte er in der bisherigen Untersuchung vernachlässigt werden. Der Beschluss der Kompetenzerweiterung auch mit hoheitlichen Befugnissen ist hier jedoch als Beispiel der Erweiterung einer kontrollierender und sanktionierender Sicherheitspolitik angeführt. Der Freiwillige Polizeidienst wurde im Frühjahr 2000 aufgelöst. Trotzdem steht der Fakt, dass er mehrere Jahre lang aktiv war, ausgestattet mit hoheitlichen Befugnissen.

9.2.2. Das Konzept der „gefährlichen Orte“

Die genannte Novellierung des ASOG bezieht sich auf Maßnahmen, die durch Anweisung des Polizeipräsidenten oder seiner Vertreter im Amt nach Ort, Zeit und Umfang angeordnet werden können. Daneben existiert jedoch eine zweite Regelung in Berlin, in der verstärkte Kontroll- und Sanktionsstrategien legitimiert sind, das Konzept der sogenannten „gefährlichen Orte“.

Die Bezeichnung ist kein Legalbegriff, sondern ein verkürzter Ausdruck für Orte, an denen nach Polizeierfahrungen u.a. Straftaten von erheblicher Bedeutung verabredet, vorbereitet oder verübt werden bzw. sich dort Personen treffen, die gegen aufenthaltsrechtliche Strafvorschriften verstoßen (§21 Abs.2 Nr.1 ASOG „Identitätsfeststellung“). An diesen Orten kann die Polizei verdachtsunabhängige Identitätsfeststellungen und Personenkontrollen durchführen. Aus einsatztaktischen Gründen wird die Anzahl der gefährlichen Orte von der Polizei nicht veröffentlicht[449]. Ebenso schwierig ist es, die Entstehungsphase dieses Konzeptes nachzuvollziehen. Während der Interviewpartner der Polizei erklärte, dass es diese Definition schon in den alten Auflagen

---

[448] Vgl. Abgeordnetenhaus Berlin, Drs. 13/3511.

[449] Vgl. Anlage 4.

des ASOG (ca. seit Ende der 70er Jahren) enthalten sei[450], sprechen verschiedene Studien davon, dass die Festlegung der „gefährlichen Orte“ erst 1996 erfolgt sei[451]. Übereinstimmend geht man jedoch davon aus, dass sich die Einstufung von Räumen als „gefährliche Orte“ in der zweiten Hälfte der 90er Jahre erhöht hat. „Ein seinerzeit [1996] als ‚vertrauliche Liste’ gehandeltes Polizeipapier umfasste zunächst 14, dann 20 Straßen, Plätze und Parks“[452]. Mitte 1999 wurden 36 Orte vermutet, wobei auch Bereiche des Hausrechtes aufgelistet wurden[453]. Aktuell geht man von mehr als 30 Gebieten[454] aus, die Anzahl hat sich demnach wahrscheinlich nicht erhöht bzw. ist sogar gesunken. Trotzdem zeigt das Konzept der „gefährlichen Orte“, dass auch hier erweiterte Eingriffsbefugnisse der Polizei implementiert wurden.

Ein Zusammenhang mit der politischen Kampagne zur Verbesserung des Stadtbildes insbesondere in der zweiten Hälfte der 90er Jahre ist damit unübersehbar[455]. Im Sinne weicher Standortpolitik lässt sich vermuten, dass das erhoffte harmonische Stadtbild von störenden Gruppen wie Prostituierten, Dealern, Fixern, Punks und Trebekids etc. gesäubert werden soll. Zum anderen lässt sich das Konzept der „gefährlichen Orte“ aber auch als ein grundsätzliches Instrument zur Legalisierung verstärkter Kontroll- und Sanktionierungsmethoden sehen. Vor allem Persönlichkeits- und Freiheitsrechte sowie das Recht auf informationelle Selbstbestimmung können dabei verletzt werden.

450 Vgl. Anlage 4.

451 Statt aller: o.V.(1999:a): „Gefährliche“ Orte in Berlin, unter: http://www.hu-berlin.de/uni_schau1999/orte.html, Zugriff vom 15.01.2004.

452 Statt aller o.V. (2001): Berlins besondere Orte. Städtische Politik zwischen Bürgergesellschaft und Polizeistaat, in: analyse + kritik (ak). Zeitung für linke Debatte und Praxis Nr. 453, unter: http://www.akweb.de/ak_s/ak453/08.htm, Zugriff vom 15.01.2004.

453 Vgl. Zentralverband Elektrotechnik- und Elektronikindustrie e.V. (Hrsg.) (2001): Videoüberwachung für den Bereich Hardenbergplatz (Bahnhof Zoo) / Breitscheidplatz in Berlin, 2.Aufl. Frankfurt am Main, unter: http://www.zvei.org/sicherheitssysteme/broschueren/berlin.pdf, Zugriff vom 03.01.2004.

454 o.V: Gefährliche Orte, in: taz Berlin lokal Nr. 7221, 29.11.2003, S. 29, unter: http://www.taz.de/pt/2003/11/29/a0225.nf/text, Zugriff vom 10.01.2004.

455 Vgl. u.a. Berliner Beauftragter für Datenschutz und Informationsfreiheit (1997): Stellungnahme zum „Spannungsbericht“, unter: http://www.datenschutz-berlin.de/jahresbe/97/doc/spanndsb.htm, Zugriff vom 12.01.2004.

So argumentiert der Berliner Beauftragte für Datenschutz und Informationsfreiheit u.a. in seinem Jahresbericht 1997:

> „Wir haben auf Grund mehrerer Beschwerden Betroffener festgestellt, dass an öffentlichen Plätzen wie z.B. auf dem Breitscheidplatz und am Bahnhof Zoo angetroffene Personen einer erkennungsdienstlichen Behandlung durch Anfertigung von Lichtbildern unterzogen wurden, obwohl die Betroffenen sich ausweisen konnten. Wir hören oft die Äußerung, ‚man wird wie ein Schwerverbrecher behandelt', obwohl das einzige ‚Vergehen' der Betroffenen darin liegt, sich auf von der Polizei als ‚gefährliche Orte' deklarierte Straßen oder öffentliche Plätze begeben zu haben[456]".

Dass die Polizei nach der erkennungsdienstlichen Behandlung in vielen Fällen die Lichtbilder wieder vernichtete, ändere nichts daran, dass dieser unzulässige und von den Betroffenen als äußerst belastend empfundene Eingriff erfolgt ist[457]. Der Datenschutzbeauftragte hält

> „daran fest, dass auf Grund gleichartiger Beschwerden Betroffener der Eindruck gefördert wird, dass die Durchführung von erkennungsdienstlichen Behandlungen an den ‚gefährlichen Orten' nicht zum Zweck der Identitätsfeststellung der Betroffenen erfolgt, sondern als belastende Maßnahme zu deren Einschüchterung bzw. Abschreckung dienen soll"[458].

Auch hier zeigt sich die bereits vermutet Fokussierung auf Bevölkerungsgruppen, welche als potenziell kriminell eingestuft werden. Betrachtet man die Gebiete, welche allgemein bekannt als „gefährliche Orte" bezeichnet werden, so zeigt sich, dass nicht nur öffentliche Räume wie der Stuttgarter Platz oder Alexanderplatz, sondern auch der privatisierte Breitscheidplatz oder U-Bahnhöfe wie Kottbusser Tor, Bahnhof Zoo und Herrmannplatz dazu gehören. Diese wiederum gehören explizit zum Einsatzgebiet des privaten Sicherheitsgewerbes.

Auch dieser Fakt steht der Behauptung entgegen, das private Sicherheitsgewerbe verdränge das staatliche Gewaltmonopol im öffentlichen Raum, denn gerade hier gelten weitaus höhere Befugnisse der Polizei. Es zeigt sich jedoch, dass der Einsatz privater Akteure auch in besonders sensiblen Gebieten städtischer Sicherheitspolitik bereits gang und gebe ist. Ein hoher Stellenwert des Gewerbes im System der Öffentlichen

---

456 Berliner Beauftragter für Datenschutz und Informationsfreiheit (1997), a.a.O.
457 Vgl. ebd.
458 Ebd.

Sicherheit wird damit eindeutig markiert und auch nicht dadurch verringert, dass eine gemeinsame Zusammenarbeit sich hier nur „zufällig“ aus den Eigentumsverhältnissen ergibt[459].

9.2.3. Videoüberwachung öffentlicher Räume

Ein weiterer Aspekt der erhöhten Kontrolle öffentlicher Räume bildet die Diskussion zur Videoüberwachung. Einen wesentlichen Vorstoß startete der damalige Innensenator Werthebach (CDU) ebenfalls im Frühjahr 1999[460]. Die Pläne wurden jedoch nicht umgesetzt und noch in der Koalitionsvereinbarung von SPD und PDS vom Herbst 2001 ist festgehalten, dass es keine Videoüberwachung öffentlicher Plätze und Straßen geben wird[461].

Wenige Monate später, am 28.05.2002, legen dagegen der damalige Bürgermeister Gysi (PDS) und der Innensenator Körting (SPD) dem Abgeordnetenhaus eine Vorlage zur Beschlussfassung vor, in der die Videoüberwachung sogenannter gefährdeter Objekte und deren Umgebung genehmigt wird[462]. Die neuen Regelungen dazu sollen im §24 ASOG „Datenerhebung bei öffentlichen Veranstaltungen und Ansammlungen“ als Absatz a) eingefügt werden.

Als wesentlichster Grund wird auch hier die zunehmende Rolle der Prävention bei der Verbrechensbekämpfung angeführt. In den folgenden Monaten wurde das Gesetz in verschiedenen Ausschüssen wie Recht und Ordnung sowie Innere Sicherheit diskutiert. Schlussendlich stimmt das Abgeordnetenhaus am 30.01.2003 dem Antrag zu, am 16.02.2003 trat das Gesetz in Kraft[463]. Damit ist es der Polizei nun möglich, an „gefährdeten Objekten“ oder den „unmittelbar in dem Zusammenhang mit dem Objekt stehenden Grün- oder Straßenflächen personen-bezogene Daten durch die Anfertigung von Bildaufnahmen zu erheben und die Bilder zur Beobachtung zu übertragen

---

459 Vgl. Anlage 4.

460 Vgl. Kirsch, Benno (1999): Gänsefleischmoldengofferraumuffmoche, in: scheinschlag, H. 5, unter: htttp://www.scheinschlagonline.de/archiv/1999/05_1999/texte/thema1.html, Zugriff vom 12.01.2004.

461 Vgl. Pütter, Norbert (2002): Inland aktuell, in: Bürgerrechte & Polizei / cilip Nr. 71, H 1, S. 83.

462 Vorlage – zur Beschlussfassung – über Entwurf eines Gesetzes zur Änderung des Allgemeinen Sicherheits- und Ordnungsgesetzes und die Anwendung unmittelbaren Zwangs bei der Ausübung öffentlicher Gewalt durch Vollzugsbeamte des Landes Berlin, 28.05.2002, Abgeordnetenhaus Berlin Drs. 15/490.

463 Plenarprotokoll, 30.01.2003, Abgeordnetenhaus Berlin, Drs. 15/25, GVBl. S. 67.

oder aufzuzeichnen“[464]. Es soll hier nicht diskutiert werden, inwieweit die Einführung der Videoüberwachung tatsächlich kriminalpräventiv wirksam ist. Verschiedene Studien sprechen hier je nach Interessenlage von einem geeigneten Instrument zur Erkennung und Verhinderung von Straftaten oder von einem Mechanismus, der Kriminalität nicht verringert, sondern nur in andere „nicht überwachte“ Bereiche verdrängt[465].

Mit der erneuten Novellierung des ASOG wurden wiederum die Kontroll- und Eingriffsbefugnisse der Polizei im öffentlichen Raum ausgeweitet. In Bezug auf eine mögliche Unterhöhlung der Grund- und Bürgerrechte ist damit insbesondere das Recht auf informationelle Selbstbestimmung (Art.2 Abs.1 GG in Verbindung mit Art.1 Abs.1 GG) betroffen. Denn die Einführung der Videoüberwachung beinhaltet und legitimiert Möglichkeiten, persönliche Daten zu erheben, zu speichern, zu verwenden und weiterzugeben. Die Fähigkeit der Bürgerinnen und Bürger, zu wissen und zu bestimmen, wer was wann und bei welcher Gelegenheit über sie weiß, verringert sich damit zwangsläufig.

Es wäre weiterhin denkbar, dass sich hier eine sukzessive Überwachung größerer Flächen des öffentlichen Raumes entwickelt. In anderen Großstädten wie London ist die lückenlose Observation des Innenstadtbereichs bereits Realität. In Berlin lässt sich leicht vorstellen, dass das Kriterium der „gefährdeten Objekte“, welches eine willkürliche Kategorisierung ist und deren Einstufung allein der Polizei obliegt, sich auch für das Konzept der „gefährlichen Orten“ anwenden lässt.

Die Berliner CDU hat hier bereits einen Vorstoß unternommen. Am 17.06.2003 beantragte die Fraktion eine erneute Novellierung des §24 ASOG „Datenerhebung“[466]. Neben den o.g. „gefährdeten Objekten“ und ihrer Umgebung soll die Videoüberwachung auf „Teilbereiche von öffentlich zugänglichen Orten und Räumlichkeiten“ ausgeweitet und personenbezogene Daten erhoben, übertragen und aufgezeichnet

---

464 Vgl. Abgeordnetenhaus Berlin Drs. 15/490.

465 Vgl. zusammenfassend Müller, Ernst (2003): Zur Kriminologie der Videoüberwachung, in: Sicherheit vor Freiheit? Terrorismusbekämpfung und die Sorge um den freiheitlichen Rechtsstaat, Konferenz der Friedrich-Ebert-Stiftung / Forum Berlin in Kooperation mit der Humanistischen Union e.V. am 26.03.2003, Dokumentation, Berlin,

466 Antrag der Fraktion der CDU, Gesetz zur Änderung des ASOG und zur Ausweitung der Möglichkeiten der Videoüberwachung, 17.06.2003, Abgeordnetenhaus Berlin, Drs. 15/1827.

werden[467]. In ihrer Begründung verweist die Fraktion der CDU explizit auf eine notwendige Überwachung der sogenannten „gefährlichen Orte“. Die vermutete Ausweitung der Videoüberwachung wird damit konkret vorgeschlagen. Eine abschließende Behandlung durch das Abgeordnetenhaus ist zum aktuellen Zeitpunkt noch nicht erfolgt.

Grundsätzlich zeigt sich jedoch, dass die Videoüberwachung öffentlicher Räume, noch in der Koalitionsvereinbarung des Rot-Roten Senats von 2001 explizit abgelehnt, mittlerweile als legitimes Instrument gesehen wird. Zum einen wird damit das Grundrecht auf informationelle Selbstbestimmung unterlaufen. Zum anderen könnte eine verstärkte Installation auch disziplinierend in breiten Bevölkerungsschichten wirken. Denn das Wissen oder das Vermuten einer mögliche Beobachtung kann Unsicherheit erzeugen. Wer wiederum unsicher ist, ob Verhaltensweisen jederzeit registriert, notiert und als Informationen dauerhaft gespeichert, verwendet oder weitergegeben werden, wird sich bemühen, nicht durch abweichende Verhaltensweisen aufzufallen[468].

In der Tat könnte sich so eine neue Form von Disziplinierung entwickeln, in der versucht wird, Devianz in der Öffentlichkeit um jeden Preis auszuschließen. Dies kann sich auch auf den Aspekt der politischen Teilhabe im öffentlichen Raum beziehen. Weiß man oder vermutet man es, dass eine Versammlung oder Demonstration behördlich registriert wird und daraus eventuell persönliche Nachteile entstehen könnten, so wird man möglicherweise auf eine Teilnahme verzichten. Damit enthielte man sich seiner individuellen Entfaltungsrechte, aber auch der Grundrechte auf freie Meinungsäußerung, Versammlungsfreiheit etc. Letztendlich würden damit auch die Prinzipien des Gemeinwohls einer freiheitlichen demokratischen Gemeinschaft unterlaufen. Denn diese begründet sich auf der Selbstbestimmung in Handlungs- und Mitwirkungsfähigkeit seiner Bürgerinnen und Bürger[469].

---

467 Vgl. Antrag der Fraktion der CDU, Gesetz zur Änderung des ASOG und zur Ausweitung der Möglichkeiten der Videoüberwachung, 17.06.2003, Abgeordnetenhaus Berlin, Drs. 15/1827.

468 Vgl. Hesselberger, a.a.O. S. 67.

469 Vgl. ebd.

9.3. Untersuchung der These 5

Die genannten Beispiele zeigen eine zunehmende Ausweitung der polizeilichen Kontroll- und Sanktionierungsbefugnisse im öffentlichen Raum. These 5 – *Die Berliner Polizeigesetzgebung der vergangenen Jahre ist gekennzeichnet von einer beständigen Verringerung kontrollierender und sanktionierender Befugnisse. Im Zusammenhang mit der verstärkten Präsenz des privaten Sicherheitsgewerbes ergibt sich daraus ein Verlust des staatlichen Gewaltmonopols insbesondere im öffentlichen Raum.* – wird damit vollständig falsifiziert.

Das staatliche Gewaltmonopol befindet sich keinesfalls auf dem Rückzug aus dem öffentlichen Raum. Vielmehr ergibt sich, dass seine Reichweite, verstanden als die Fähigkeit, Kontrolle auszuführen und Eingriffe in Grund- und Bürgerrechte vorzunehmen, stark ausgeweitet wurde. Dies findet auch in der gesetzlichen Verankerung seinen Niederschlag, wie am Beispiel der Einschränkung des Grundrechts auf Freizügigkeit in der Novellierung des ASOG von 1999 bewiesen worden ist.

Es ist auch nicht zu vermuten, dass sich hier eine Verringerung polizeilicher Befugnisse entwickeln wird. Im Gegenteil, die umstrittene Praxis (seit 2002), Handy-Standortbestimmungen mit verdeckten SMS vorzunehmen[470] oder die Absicht, eine flächendeckende Überwachung von KfZ-Kennzeichen einzurichten[471], zeigen eher einen weiteren Ausbau kontrollierender Befugnisse bei vermindertem Grundrechtsschutz und sinkender Verhältnismäßigkeit. Betrachtet man diese Entwicklung als Element städtischer Sicherheitspolitik, so ist ein Rückschluss auf die wachsende Rolle des weichen Standortfaktors Öffentliche Sicherheit nur zwangsläufig.

Eine verstärkte Präsenz des privaten Sicherheitsgewerbes bewirkt in dieser Sicht keine Verdrängung der Polizei (daneben kann auch eine verminderte Streifentätigkeit empirisch nicht nachgewiesen werden). Im Gegenteil, Bestes Definition einer „präventiven, proaktiven Polizei“ und einer Vorverlagerung staatlicher Eingriffskompetenzen (siehe Ziffer 5.4.) wird hier erst umfassend plausibel.

---

[470] Vgl. Antrag der Fraktion B90/Die Grünen, Mehr Liberalität in Berlin V – Keine Fahndung mit verdeckten SMS, 17.06.2003, Abgeordnetenhaus Berlin Drs. 15/1834.

[471] Rogalla, Thomas: Körtings neue Datenautobahn, in Berliner Zeitung, 17./18.01.2003, S. 19.

Eine Zusammenarbeit mit privaten Akteuren im Politikfeld der Öffentlichen Sicherheit gestaltet sich vor diesem Hintergrund als eine Aktivierung vorhandener kontrollierender Ressourcen. Das erklärte Ziel der Berliner Sicherheitspartnerschaft, das private Sicherheitsgewerbe solle die Polizei bei der Wahrung der Öffentlichen Sicherheit unterstützen, fügt sich damit in den Verlauf der beständigen Verfeinerung und Erweiterung einer umfassenden Sicherheits-Kontrollpolitik.

10. Schlussbetrachtung

Zurückkehrend zum Ausgangspunkt müssen nun die Ergebnisse in Bezug auf die Leitfrage „Das expandierende private Sicherheitsgewerbe – Droht der Verlust des staatlichen Gewaltmonopols im öffentlichen Raum?“ betrachtet werden.

Nachweisbar weitet das private Sicherheitsgewerbe in Berlin seit Beginn 90er Jahre seinen Wirkungskreis in den öffentlichen und halböffentlichen Raum aus. Damit installiert es seine an privaten Interessen orientierte Handlungslogik in gemeinhin öffentlich zugänglichen Gebieten. Aus diesem Grund und durch die Privatisierung des öffentlichen Raums besteht die Möglichkeit, dass das öffentliche Interesse von partikularen Normen überlagert oder substituiert wird. Öffentlicher Raum wird zunehmend modifiziert und an Zugangskriterien gekoppelt. Es ist somit durchaus möglich, dass der Polizei als institutioneller Trägerin des staatlichen Gewaltmonopols die Prozessherrschaft im öffentlich zugänglichen Raum entgleitet. Dieser Gedanke wird unterstützt durch die Tatsache, dass in den 90er Jahren eine Auslagerung staatlicher Kontroll- und Sicherheitsaufgaben stattgefunden hat.

Privatisierung als Wirtschaftsinstrument hat den öffentlichen Sicherheitsbereich erreicht. Damit kann ein Rückzug staatlicher Zuständigkeit festgestellt werden. Über diesen Fakt können auch Modelle wie der Einsatz der privaten Angestellten als Verwaltungshelfer oder Beliehene nicht hinwegtäuschen. Staatliche Sicherheitsaufgaben werden wie andere Bereiche vor Kosten- und Rentabilitätsfragen diskutiert. Damit unterliegt auch der Sicherheitsbereich einem staatstheoretischen Wandel. In der Tat deuten die Anzeichen darauf hin, dass sich ein Paradigmenwechsel staatlicher Sicherheitsgarantie und -aufgaben vollzieht. Statt einem klassischen zentrierten Gewaltmonopol zeichnen sich in der Tat die Konturen eines Sicherheitsnetzwerkes ab, in dem verschiedene Akteure ihre Erkenntnisse und Handlungsweisen einbringen. In diesem Zusammenhang von einem normativen „Verlust“ des staatlichen Gewaltmonopols zu sprechen, gestaltet sich als äußerst schwierig.

Faktisch lässt sich jedoch anführen, dass das private Sicherheitsgewerbe kein neutraler, am Gemeinwohl orientierter Akteur ist. Die Herstellung und der Verkauf seiner Ware Sicherheit richtet sich nach marktwirtschaftlichen Mechanismen. Die Einbeziehung in ein Sicherheitsnetzwerk würde der Branche ein gezielte Einflussnahme auf politische Entscheidungen und Strategien ermöglichen, an dessen Ende zwangsläufig der eigene Absatzmarkt steht. Zudem sollte das Wissen um die lückenhafte Kontrolle des privaten Sicherheitsgewerbes sowie um die nachweisbaren Leistungs- und Ausbildungsmängel einer weiteren Übertragung polizeilicher Aufgaben und insbesondere hoheitlicher Rechte entgegenstehen. Doch angesichts der Doktrin des Sparzwangs der öffentlichen Haushalte ist eine Verminderung des *Outsourcings* nicht zu erwarten. Und auch die Zusammenarbeit von Polizei und privatem Sicherheitsgewerbe im Rahmen von *police-private-partnerships* schreitet weiter voran.

Für Berlin wurde nachgewiesen, dass die Sicherheitspartnerschaft zwischen der Polizei und dem privaten Sicherheitsgewerbe vom 08.03.2002 eine neues Nebeneinander und Miteinander beider Akteure im System der Öffentlichen Sicherheit markiert. Zwar geht aus dem Erfahrungsbericht zum einjährigen Bestehen der Partnerschaft hervor, dass die Polizei kaum zusätzliche Informationen von dem privaten Sicherheitsgewerbe erhalten hat. Trotzdem zeigt der Vertrag, dass eine Zusammenarbeit polizeilicher und privater Sicherheitskräfte geregelt und legitimiert wurde. Darüber hinaus wird eine weitere Optimierung der gemeinsamen Arbeit angestrebt. Das private Sicherheitsgewerbe etabliert sich damit als Dienstleister für die Öffentliche Sicherheit.

Zwar könnte auch hier – durch den Einsatz im öffentlichen Interesse und als erhofftes Bindeglied zu Bevölkerung – die Möglichkeit bestehen, dass der Polizei die Prozessherrschaft im öffentlichen Raum entgleitet. Es ist jedoch viel naheliegender, die Partnerschaft als ein neues Instrument des staatlichen Gewaltmonopols zu betrachten. Staatliche Kontrolle nimmt sich nicht zurück, sondern bezieht neue Akteure, deren Handlungsweisen und Informationen in die Öffentliche Sicherheit ein. Von daher lässt sich die Partnerschaft als Indikator einer Sublimierung bzw. Verfeinerung des staatlichen Gewaltmonopols definieren.

Dieses Ergebnis wurde auch durch die Betrachtung der Polizeigesetzgebung erhärtet. Nachweislich fand im öffentlichen Raum Berlins in den vergangenen Jahren keine Verringerung polizeilicher Zuständigkeiten statt, sondern im Gegenteil eine kontinuierliche Erweiterung kontrollierender und sanktionierender Befugnisse. Bürgerliche Grund- und Abwehrrechte wurden dabei unterlaufen oder gesetzlich legitimiert eingeschränkt. Ein Verlust des staatlichen Gewaltmonopols im öffentlichen Raum kann aus diesen Gründen keinesfalls gesehen werden. Zudem verfügt Berlin trotz des Stellenabbaus über die höchste Polizeidichte in der Bundesrepublik Deutschland.

Die Entwicklung des Berliner Polizeirechtes lässt sich nahtlos einfügen in die Strategie bundesspolitischer Polizeirechtsrechtsgesetzgebung. So zeigen die jüngsten gesetzlichen Veränderungen wie die Verabschiedung des sogenannten Großen Lauschangriffs (1998), der G10 Novellierung (2001) und der Antiterrorpakete nach dem 11.09.2001 unumstritten eine kontinuierliche Ausweitung kontrollierender und sanktionierender Befugnisse. Bürgerliche Grund- und Abwehrrechte werden mitunter massiv eingeschränkt. Wie der Datenschutzbeauftragte des Landes Schleswig-Holstein, Helmut Bäumler, einschätzt, „befinden wir uns [...] in einer trügerischen Situation, die bei veränderten politischen und gesellschaftlichen Verhältnissen einen Überwachungsstaat auf einwandfreier gesetzlicher Ebene ermöglichen würde“[472].

Tatsächlich lässt sich seit der Konzeption der Inneren Sicherheit als Politikfeld in der Bundesrepublik Deutschland zum Ende der 60er Jahre ein beständiger Ausbau der Sicherheitsapparate und der Befugnisse der Sicherheitsbehörden erkennen. Wie Narr bereits 1992 feststellte, hat das Gewaltmonopol „in diesem Sinne [...] in seinen informationellen Nerven und seinen gewalttätigen Muskeln kräftigt zugenommen“[473]. Diese Einschätzung konnte auch für die aktuelle Situation bestätigt werden.

Doch steht die Intensivierung der Sicherheitspolitik nur scheinbar im Widerspruch zum Leitbild des schlanken oder aktivierenden Staates, der sich verstärkt aus Arbeitsbereichen und Aufgaben zurückzieht. Die Ausweitung polizeilicher Befugnisse und die Sublimierung des Gewaltmonopols können als Instrumente einer repressiven Politik vor dem Hintergrund hohen ökonomischen Drucks und sozialen Wandels gesehen werden. Eine politische Strategie, welche die Ursachen von Kriminalität durch eine integrierende Bildungs-, Arbeitsmarkt- und Sozialpolitik bekämpfen könnte, ist darin nicht zu erkennen. „Schlanker Staat“, so lässt sich vor diesem Hintergrund formulieren, heißt offenbar auch „starker Staat“.

---

472 Bäumler, Helmut (2003): 20 Jahre Polizeirechtsgesetzgebung - aus der Sicht eines Datenschützers, in: Sicherheit vor Freiheit? Terrorismusbekämpfung und die Sorge um den freiheitlichen Rechtsstaat, Konferenz der Friedrich-Ebert-Stiftung / Forum Berlin in Kooperation mit der Humanistischen Union e.V., a.a.O. S. 31.

473 Narr (1992), S. 9.

11. Literatur- und Quellenverzeichnis

Bauer-Emmerichs, Michael (Red.) (2000): Wirtschaft heute, 4.Aufl., Bonn.

Bäumler, Helmut (2003): 20 Jahre Polizeirechtsgesetzgebung – aus der Sicht eines Datenschützers, in: Sicherheit vor Freiheit? Terrorismusbekämpfung und die Sorge um den freiheitlichen Rechtsstaat, Konferenz der Friedrich-Ebert-Stiftung / Forum Berlin in Kooperation mit der Humanistischen Union e.V., Berlin, S. 23-32.

Beeker, Detlef / **Schäfer**, Holger / **Werner**, Dirk (2002): Das private Bewachungsgewerbe zwischen Gewerbefreiheit und qualifikatorischer Regulierung, in: Beiträge zur Gesellschafts- und Bildungspolitik Nr. 245, Institut der deutschen Wirtschaft Köln.

Berliner Beauftragter für Datenschutz und Informationsfreiheit (1997): Stellungnahme zum „Spannungsbericht", unter: http://www.datenschutz-berlin.de/jahresbe/97/doc/spanndsb.htm, Zugriff vom 12.01.2004.

Beste, Hubert (1998): State Control, Political Order, Policing the Poor. Anmerkungen zur Kommodifizierung innerer Sicherheit, in: Lenk, Klaus / Prätorius, Rainer (Hrsg.): Eingriffsstaat und Öffentliche Sicherheit. Beiträge zur Rückbesinnung auf die hoheitliche Verwaltung, Baden-Baden, S. 53-66.

Beste, Hubert (2000): Morphologie der Macht. Urbane ‚Sicherheit' und die Profitorientierung sozialer Kontrolle, Opladen.

Beste, Hubert / **Braum**, Stefan (1995): Ein neuer Strukturwandel von Öffentlichkeit?, in: Widersprüche. Zeitschrift für sozialistische Politik im Bildungs-, Gesundheits- und Sozialbereich Nr. 55, H. 2, S. 59-70.

Blakely, Edward J. / **Snyder**, Mary G. (1999): Fortress America. Gated Communities in the USA, 2. Aufl., Washington D.C.

Brunst, Thomas (1998): Hausverbote und Datenschutz – (k)ein Thema, unter: http://www.safercity.de, Zugriff vom 10.10.2003.

Brunst, Thomas (2000): Safercity-Nachrichten (Mai bis Juli 2000), unter: http://www.is-kassel.de/~safercity/2000/kurz260800.html, Zugriff vom 01.11.2003.

Brunst, Thomas (2004): Die private Stadtsicherheit. Wie in Deutschland eine milliardenschwere Sicherheitsindustrie öffentliche Aufgaben übernimmt und an Einfluss gewinnt, unveröffentlichtes Manuskript, 68 S., auszugsweise abgedruckt in: Frankfurter Rundschau, 60. Jg., 30.01.2004, S. 9.

Brunst, Thomas / **Korell**, Jürgen (2001): Private Sicherheitsdienste und Polizei. Von der verdeckten zur vertraglichen Kooperation, in: Bürgerrechte und Polizei / cilip Nr. 68, H. 1., S. 68-73.

Bueß, Peter (1997): Private Sicherheitsdienste. Zur Tätigkeit freier Unternehmer auf dem Gebiet der Öffentlichen Sicherheit und Ordnung, Stuttgart.

Bülow, Wolfgang (2003): Zusammenwirken zwischen Polizei und privaten Sicherheitsdiensten – Ansätze beim Polizeipräsidium Düsseldorf, in: Die Polizei 91. Jg., H. 3, S. 65-73.

Bund Deutscher Wach- und Sicherheitsunternehmen: unter http://www.bdsw.de.

Bundesministerium für Gesundheit und Soziale Sicherung (2001): Lebenslagen in Deutschland, Daten und Fakten, Materialband zum ersten Armuts- und Reichtumsbericht der Bundesregierung, unter: http://www.bmgs.bund.de/downloads/arm_reich_daten_fakten.pdf, Zugriff vom 30.12.2003.

Dicke, Wolfgang (2001): Gemischte Streifen machen Rechtsbruch unausweichlich, in: Deutsche Polizei 50. Jg., H. 3, S. 28-31.

Diederichs, Otto (1992): „Sicherheit ist Kapital“ - Private Sicherheitsdienste in Zahlen und Fakten, in: Bürgerrechte und Polizei / cilip Nr. 43, H. 3, S. 24-31.

Diederichs, Otto (1997): Europäisches Sicherheits-Informationssystem (EuSIS) – eigene Datenbank für privates Sicherheitsgewerbe, in: Bürgerrechte und Polizei / cilip Nr. 56, H. 1, unter: http://www.cilip.de/ausgabe/56/eusis.htm, Zugriff vom 10.10.2003.

Diederichs, Otto: Wachdienste werden hoffähig, in: taz, 2.10.2000., o.S.

Diederichs, Otto / dpa: Abschiebehaft wird zur Privatsache, in: Berliner Tagesspiegel, 20.05.2003, o.S.

Diederichs, Otto: Mit Sicherheit wenig zahlen, in: taz Berlin lokal, 22.7.2003, S. 20, unter: http://www.taz.de/pt/2003/07/22/a0178.nf/text, Zugriff vom 11.11.2003.

Eick, Volker (1995): „Berlin wird Hauptstadt, aber sicher ...“, in: Sträter, Frank (Hrsg.): Los Angeles / Berlin. Stadt der Zukunft – Zukunft der Stadt, Stuttgart, S. 129-142.

Eick, Volker (1998:a): Neue Sicherheitsstrukturen im "neuen" Berlin (1.Teil). *Warehousing* öffentlichen Raums und staatlicher Gewalt, unter: http://www.comlink.de/cl-hh/r.borchers/mar99/berlin1.htm, Zugriff vom 13.03.2003.

Eick, Volker (1998:b): Neue Sicherheitsstrukturen im "neuen" Berlin (2.Teil). *Warehousing* öffentlichen Raums und staatlicher Gewalt, unter: http://www.comlink.de/cl-hh/r.borchers/mar99/berlin2.htm, Zugriff vom 13.03.2003.

Eick, Volker (2000): Arbeit, Angst und Attraktionen. Arme gegen Arme und das Bernauer „Modell Bürgerhelfer“, in: Bürgerrechte und Polizei / cilip Nr. 66, H. 2, unter: http://www.cilip.de/ausgabe/66/eick.htm, Zugriff vom 13.03.2003.

Eick, Volker (2002): „From Welfare to Work“, Integrative Strategien der Ausgrenzung: Der exklusive Charme des Sicherheitsgewerbes, in: Hamburger Institut für Sozialforschung (Hrsg.) 2002.

Expertenkommission Staatsaufgabenkritik (2001:a): 2. Zwischenbericht, in: Stober (2001:a), S. 195-234.

Expertenkommission Staatsaufgabenkritik (2001:b): Abschlussbericht, unter: http://www.berlin.de/imperia/md/content/verwaltungsmodernisierung/Abschlussbe richt Expertenkommission Zugriff vom 01.11.2003.

Friedrich-Ebert-Stiftung, Berliner Büro (1998): New York! New York? Kriminalprävention in den Metropolen, Internationale Fachtagung der Friedrich-Ebert-Stiftung Berlin am 11. und 12.05.1998, Berlin.

Funk, Albrecht (1986): Polizei und Rechtsstaat. Die Entwicklung des staatlichen Gewaltmonopols in Preußen 1848 - 1914, Frankfurt/Main.

Gewerkschaft der Polizei (GdP) (2000): Eckpunktepapier – Tätigkeit privater Sicherheitsdienste gesetzlich regeln! Gedanken zur Situation und Zukunft des privaten Sicherheitsgewerbes, in: Die Kriminalpolizei o.Jg., H. 1, S. 43-44.

Glavic, Jürgen J. (Hrsg.) (1995): Handbuch des privaten Sicherheitsgewerbes, Stuttgart.

Grabow, Busso / **Henckel**, Dietrich / **Holbach-Grömig**, Beate (1995): Weiche Standortfaktoren, in: Schriften des Deutschen Instituts für Urbanistik, Bd. 89, Berlin.

Gusy, Christoph (Hrsg.) (1998): Privatisierung von Staatsaufgaben: Kriterien – Grenzen – Folgen, Baden-Baden.

Häußermann, Hartmut / **Kapphahn**, Andreas (2000): Berlin: Von der geteilten zur gespaltenen Stadt? Sozialräumlicher Wandel seit 1990, Opladen.

Heger, Rainer (1981): Die Politik des Thomas Hobbes. Eine Studie zur Geschichte der klassischen bürgerlichen Staatstheorie, Frankfurt am Main.

Hesselberger, Dieter (2001): Das Grundgesetz. Kommentar für die politische Bildung, 12. überarbeitete Auflage, Bonn.

Hirsch, Joachim / Roth, Roland (1986): Das neue Gesicht des Kapitalismus. Vom Fordismus zum Postfordismus, Hamburg.

Hoffmann-Riem, Wolfgang (1977): Übergang der Polizeigewalt auf Private? Überlegungen zur Entwicklung privater Sicherheitskräfte, in: ZRP 9. Jg., H. 11, S. 277-284.

Humanistische Union (HU) e.V. (1999): Nachrichten, H. 3, unter: http://www.humanistische-union.de/mitteilungen/162-172/hu/nummer165/023.htm, Zugriff vom 12.01.2004.

IHK Berlin (2000): Konstituierende Sitzung der IHK Vollversammlung, in: Berliner wirtschaft Juli / August 2000, hier unter: http://www.berlin.ihk24.de/share/bw_ar chiv/bw2000/0007018a.htm, Zugriff vom 19.01.2004.

Isensee, Josef (1983): Das Grundrecht auf Sicherheit, Berlin.

Jaschke, Hans-Gerd (1997): Öffentliche Sicherheit im Kulturkonflikt. Zur Entwicklung der städtischen Schutzpolizei in der multikulturellen Gesellschaft, Frankfurt am Main.

Jones, Trevor / **Newburn**, Tim (1998): Private Security and Public Policing, Oxford, S. 44f, zitiert in: Kirsch, Benno (2003): Private Sicherheitsdienste im öffentlichen Raum. Formen und Folgen der Zusammenarbeit mit der Polizei in Berlin und Frankfurt am Main, Wiesbaden, S. 20.

Kakalik, James S. / **Wildhorn**, Sorrel (1977): The Private Police: Security and Danger, o.Nr., o.S., zitiert in: Shearing, Clifford D. / Stenning, Phillip C. (1983): Private Security: Implications for Social Control, in: Social Problems Vol. 30, No. 5, S. 493-506.

Kant, Martina (2000): Ausmaße von Polizeiübergriffen und ihre Sanktionierung. Über das Problem einer zahlenmäßigen Erfassung, in: Bürgerrechte und Polizei / cilip Nr. 67, H. 3, unter: http://www.cilip.de/ausgabe/67/kant.htm, Zugriff vom 07.01.2003

Kant, Martina / **Pütter**, Norbert (1998): Sicherheit und Ordnung in den Städten. Zwischen ‚Sicherheitsnetz' und ‚Ordnungspartnerschaften', in: Bürgerrechte und Polizei/cilip Nr. 59, H. 1, unter: http://www.cilip.de/ausgabe/59/netz.htm, Zugriff vom 28.10.2003.

Kirsch, Benno (1999): Gänsefleischmoldengofferraumuffmoche, in: scheinschlag, H. 5, unter: http://www.scheinschlagonline.de/archiv/1999/05_1999/texte/thema1.html, Zugriff vom 12.01.2004.

Kirsch, Benno (2002): Privates Sicherheitsgewerbe. Unternehmen, Beschäftigte und Struktur einer Branche, in: Bürgerrechte und Polizei/cilip Nr. 73, H. 3, S. 69-80.

Kirsch, Benno (2003): Private Sicherheitsdienste im öffentlichen Raum. Formen und Folgen der Zusammenarbeit mit der Polizei in Berlin und Frankfurt am Main, Wiesbaden.

Kopietz, Andreas / **Thomsen**, Jan: Die Problemkieze liegen im Westen. Polizei legt Stadtteilatlas vor, in: Berliner Zeitung Nr. 10, 15.01.2004, S. 15.

Kulas, Axel (2002): Privatisierung hoheitlicher Verwaltung – Zur Zulässigkeit privater Strafvollzugsanstalten 2.Aufl. Köln.

Kurpjuweit, Klaus: Kontrolleure wollen keine filmenden Zeugen, in: Der Tagesspiegel, Nr. 18214, 19.08.2003, S. 12.

Lange, Hans-Jürgen (1999): Innere Sicherheit im Politischen System der Bundesrepublik Deutschland, Opladen.

Lange, Meik (2001): Privatisierungspotenziale im Strafvollzug, in: Stober (2001:a), S. 117-139.

Lehne, Werner (1998): Politische Instrumentalisierung von Kriminalstatistiken, in: Bürgerrechte und Polizei / cilip Nr. 48, H. 2, S. 61-66.

Lenk, Klaus (1998): New Public Management in der eingreifenden Verwaltung, in: Lenk, Klaus / Prätorius, Rainer (Hrsg.): Eingriffsstaat und Öffentliche Sicherheit. Beiträge zur Rückbesinnung auf die hoheitliche Verwaltung, Baden-Baden, S. 159-184.

Lenk, Klaus / Prätorius, Rainer (Hrsg.) (1998): Eingriffsstaat und Öffentliche Sicherheit. Beiträge zur Rückbesinnung auf die hoheitliche Verwaltung, Baden-Baden.

Linde, Jürgen (2003): Vortrag: Neue Architektur der inneren Sicherheit, auf dem Symposium „Mehr Sicherheit für Unternehmen. Aber wie?“ Aus Anlass des 100jährigen Bestehens der Münchener Wach- und Schließgesellschaft, am 28.03.2003 in München Bogenhausen, unter: http://www.bdk.de/meldungen/m08042003.php, Zugriff vom 19.01.2004.

Lipietz, Alain (1997): Die Welt des Postfordismus. Über die strukturellen Veränderungen der entwickelten kapitalistischen Gesellschaften, Supplement der Zeitschrift Sozialismus, H. 7/8, Hamburg.

Mahlberg, Lothar (1988): Gefahrenabwehr durch gewerbliche Sicherheitsunternehmen, Schriften zum Öffentlichen Recht (SÖR) Bd. 532, Berlin.

Martens, Ulrich / Röder, Hans-Werner (1995): Neue Sicherheitsdienste, in: Glavic, Jürgen J. (Hrsg.): Handbuch des privaten Sicherheitsgewerbes, Stuttgart, S. 347-378.

Mauersberger, Frank (1995): Volumen und Gliederung des Sicherheitsmarktes, in: Glavic, Jürgen J. (Hrsg.): Handbuch des privaten Sicherheitsgewerbes, Stuttgart, S. 776-778.

Mayer-Tasch, Peter Cornelius (2000): Jean Bodin. Eine Einführung in sein Leben, sein Werk und seine Wirkung. Mit einer Bibliographie zum geistes- und sozialwissenschaftlichen Schrifttum über Bodin zwischen dem Jahr 1800 und dem Jahr 2000, Düsseldorf.

Müller, Ernst (2003): Zur Kriminologie der Videoüberwachung, in: Sicherheit vor Freiheit? Terrorismusbekämpfung und die Sorge um den freiheitlichen Rechtsstaat, Konferenz der Friedrich-Ebert-Stiftung / Forum Berlin in Kooperation mit der Humanistischen Union e.V. am 26.03.2003, Dokumentation, Berlin, S. 71-82.

Narr, Wolf-Dieter (1992): Der Markt der Sicherheit, das Gewaltmonopol des Staates und die Bürgerrechte, in: Bürgerrechte und Polizei / cilip Nr. 43, H. 3, S. 6-13.

Narr, Wolf-Dieter (1994): Das 'System Innere Sicherheit' – Eine erstaunlich kontinuierliche Karriere, in Bürgerrechte und Polizei / cilip Nr. 48, H. 2, S. 6-12.

Nitz, Gerhard (2000): Private und Öffentliche Sicherheit, SÖR Bd. 831, Berlin.

Nogala, Detlef (1995): Was ist eigentlich so privat an der Privatisierung sozialer Kontrolle?, in: Sack, Fritz (Hrsg.): Privatisierung staatlicher Kontrolle: Befunde, Konzepte, Tendenzen, Baden-Baden, S. 234-260.

Nogala, Detlef (1998): Sicherheit verkaufen. Selbstdarstellung und markstrategische Positionierung kommerzieller ‚Sicherheitsproduzenten', in: Hitzler, Ronald / Peters, Helge (Hrsg.): Inszenierung Innere Sicherheit. Daten und Diskurse, Opladen, S. 131-154.

Nohlen, Dieter (Hrsg.) (2001): Kleines Lexikon der Politik, 2.Aufl., München.

Olschock, Harald (1999): Unternehmenshandbuch Wach- und Sicherheitsgewerbe. Erläuterungen, Checklisten, Muster, Köln.

Olschock-Trautenhahn, Harald (1995): Geschichtliche Entwicklung des privaten Sicherheitsgewerbes, in: Glavic, Jürgen J. (Hrsg.): Handbuch des privaten Sicherheitsgewerbes, Stuttgart, S. 1-18.

Ostendorf, Heribert (2001): Chancen und Risiken von Kriminalprävention, in: ZRP 33. Jg., H. 4, S. 151-154.

o.T., Berliner Kurier, 27.05.2000, o.S., aufgeführt unter: http://www.is-kassel.de/~safercity/2000/kurz260800.htmlsafercity, Zugriff vom 20.11.2003.

Ottens, Reinhard W./ **Olschock**, Harald / **Landrock**, Stephan (Hrsg.) (1999): Recht und Organisation privater Sicherheitsdienste in Europa, Stuttgart.

o.V. (1999:a): „Gefährliche" Orte in Berlin, unter: http://www.hu-berlin.de/uni_schau 1999/orte.html, Zugriff vom 15.01.2004.

o.V. (1999:b): Der Boom ist längst vorbei, in: Zeitschrift für die Sicherheit in der Wirtschaft (WiK), Nr. 6, S. 94.

o.V. (1999:c): Zusammenarbeit von Polizei und privaten Sicherheitsdiensten, in: Unbequem o.Jg., H. 9, S. 37.

o.V. (2001): Berlins besondere Orte. Städtische Politik zwischen Bürgergesellschaft und Polizeistaat, in: analyse + kritik (ak). Zeitung für linke Debatte und Praxis Nr. 453, unter: http://www.akweb.de/ak_s/ak453/08.htm, Zugriff vom 15.01.2004.

o.V.: Opposition kritisiert geplanten Stellenabbau bei der Polizei, in: Berliner Morgenpost, o.Nr. , 22.05.2003, o.S., unter: http://morgenpost.berlin1.de/archiv2003/030522/berlin/story605529.html, Zugriff vom 04.01.2004.

o.V.: Security-Firma schützt Wohnhäuser, in: Berliner Zeitung, Nr. 182, 07.08.2003, o.S.

o.V.: Gefährliche Orte, in: taz Berlin lokal Nr. 7221, 29.11.2003, S. 29, unter: http://www.taz.de/pt/2003/11/29/a0225.nf/text, Zugriff vom 10.01.2004.

Papcke, Sven (1997): Staatsgewalt, in: Andersen, Uwe / Woycke, Wichard (Hrsg.): Handwörterbuch des politischen Systems der Bundesrepublik Deutschland, Bonn, 3.Aufl., S. 528-530.

Peilert, Andreas (1996): Das Recht des Auskunftei- und Detekteigewerbes: empirische Untersuchung, verfassungsrechtlicher Rahmen, rechtliche Befugnisse und gewerberechtlicher Novellierungsvorschlag, SÖR Bd. 710, Berlin.

Petersen, Simone (2000): Sicherheitskonzepte in der Neuen Stadt – am Beispiel der Potsdamer Platz Arkaden in Berlin, Diplomarbeit am Fachbereich Politik- und Sozialwissenschaften FU Berlin, Berlin.

Pitschas, Rainer (1999): ‚Neues' Polizeirecht, Speyer Arbeitshefte Nr. 121, Speyer.

Plate, M./Weiß, R. (Hrsg.): Privatisierung von polizeilichen Aufgaben, BKA Forschungsreihe Bd. 41, Wiesbaden 1996.

Pütter, Norbert (1992): Öffentlicher Nahverkehr – Sicherheit durch Private? Beispiel Berlin, in: Bürgerrechte und Polizei / cilip Nr. 43, H. 3, S. 32-37.

Pütter, Norbert (1994): Parteien zur 'Inneren Sicherheit'. Ein Blick in die Parteiprogramme im Superwahljahr, in: Bürgerrechte und Polizei / cilip Nr. 48, H. 2, S. 22-29.

Pütter, Norbert (2002): Inland aktuell, in: Bürgerrechte & Polizei / cilip Nr. 71, H. 1, S. 83.

Rada, Uwe (o.J.): Die Grenzen von Arkadien. Am Glienicker Horn in Potsdam schottet sich ein luxuriöser Wohnsicherheitstrakt vom Rest der Welt ab, unter: http://uwe-rada.de/publikationen/beitraege2.html, Zugriff vom 10.01.2004.

Rogalla, Thomas: Körtings neue Datenautobahn, in: Berliner Zeitung, 17. und 18.01.2003, S. 19.

Roßnagel, Alexander (1983): Zum Schutz kerntechnischer Anlagen gegen Angriffe von außen, in: ZRP 16. Jg., H. 3, S. 59-64.

Ruprecht, Anke: Wachschutz ist fast ehrenamtliche Arbeit, in: taz Berlin lokal, o.N., 11.04.2003, S. 22.

Sack, Fritz (Hrsg.) (1995): Privatisierung staatlicher Kontrolle: Befunde, Konzepte, Tendenzen, Baden-Baden.

Scharpf, Fritz W. (2000): Interaktionsformen. Akteurzentrierter Institutionalismus in der Politikforschung, Opladen.

Schily, Otto (2002): Grußwort des Bundesinnenministers auf einer Veranstaltung des BDWS, unter: http://www.gse-sicherheit.de/news/presse/2002/2002-08-grusswort-schily.htm, Zugriff vom 15.03.2003.

Schnekenburger, Franz (1999): Rechtsstellung und Aufgaben des Privaten Sicherheitsgewerbes, Studien zum öffentlichen Wirtschaftsrecht (StöW) Bd.40, Köln.

Schubert, Klaus (1991): Politikfeldanalyse, Opladen.

Shearing, Clifford D. / **Stenning**, Phillip C. (1981): Modern Private Security. Its Growth and Implications, in: Crime and Justice Vol. 3, S. 193-246.

Shearing, Clifford D. / **Stenning**, Phillip C. (1983): Private Security: Implications for Social Control, in: Social Problems Vol. 30, No. 5, S. 493-506.

Shearing, Clifford D. / **Stenning**, Phillip C. (Hrsg.) (1987): Private Policing, Criminal Justice Systems Annuals Vol. 23, Newbury Park: Sage.

Spitzer, Steven: Security and Control in Capitalist Societies, pp. 43 – 58, in: Transcaretion: Essays in the Sociology of Social Control, edited by J. Lowman, R. J. Menzies and T. S. Palys. Brookfield, VT: Gower, p. 50, zitiert in: Nogala, Detlef (1995): Was ist eigentlich so privat an der Privatisierung sozialer Kontrolle?, in: Sack, Fritz (Hrsg.): Privatisierung staatlicher Kontrolle: Befunde, Konzepte, Tendenzen, Baden-Baden, S. 234-260.

Statistisches Landesamt Berlin: unter http://www.statistik-berlin.de.

Stern TV, Vox vom 28.10.2003.

Stober, Rolf (1997): Staatliches Gewaltmonopol und privates Sicherheitsgewerbe. Plädoyer für eine Police-Private-Partnership, in: Neue Juristische Wochenzeitschrift (NJW), 50. Jg., H. 14, S. 889-896.

Stober, Rolf (Hrsg.) (2001:a): Jahrbuch des Sicherheitsgewerberechts 2001, Köln.

Stober, Rolf (2001:b): Private Sicherheitsdienste als Dienstleister für die Öffentliche Sicherheit, in: Zeitschrift für Rechtspolitik (ZRP) 33. Jg., H. 6, S. 260-266.

Stober, Rolf (2001:c): Private Sicherheitsdienste als Dienstleister für die Öffentliche Sicherheit? Police-Private-Partnerships als Essenziale einer effizienten neuen Sicherheitsarchitektur, in: Stober, Rolf / Pitschas, Rainer (Hrsg.): Vergesellschaftung polizeilicher Sicherheitsvorsorge und gewerbliche Kriminalprävention, Köln, S. 37-56.

Stober, Rolf (Hrsg.) (2002): Jahrbuch des Sicherheitsgewerberechts 2002, Köln.

Thurm, Matthias (2002): Private Sicherheitsdienste – 60 Stunden für ein Taschengeld, unter: http.//www.verdi.de, Zugriff vom 21.03.2003.

TOPOS Stadtforschung (2000): Einkommens- und Armutsbericht 2000, Berlin.

Trotha, Trutz von (1995): Ordnungsformen der Gewalt oder Aussichten auf das Ende des staatlichen Gewaltmonopols, in: Nedelmann, Brigitta (Hrsg.): Politische Institutionen im Wandel, Wiesbaden, S. 129-166.

Vesper, Dieter (1998): Privatisierung - Ausweg aus Berliner Finanznot? aktuell in: DEMO - Monatszeitschrift für Kommunalpolitik, o.Jg., H. 4, o.S., hier unter: http://www.diw.de/deutsch/dasinstitut/abteilungen/stt/publikationen.html, Zugriff vom 18.12.2001.

Voß, Michael (1997): Private Sicherheitsdienste im öffentlichen Bereich, in: Widersprüche. Zeitschrift für sozialistische Politik im Bildungs-, Gesundheits- und Sozialbereich Nr. 63, H. 1, S. 37-49.

Waard, J. de (1999): The Private Security Industry in International Perspective, in: European Journal on Criminal Policy and Research Nr.2, S. 155, zitiert in: Kirsch, Benno (2002): Privates Sicherheitsgewerbe. Unternehmen, Beschäftigte und Struktur einer Branche, in: Bürgerrechte und Polizei/cilip Nr. 73, H. 3, S. 69-80.

wdr-online news, o.T., 18.12.2001, unter: http://online.wdr.de/online/news2/flug sicherheit_gewerkschaft/index.phtml, Zugriff vom 15.12.2003.

Wehrheim, Jan (2002): Die überwachte Stadt. Sicherheit, Segregation und Ausgrenzung, Dissertation, Oldenburg.

Weiner, Bernhard (2001:a): Privatisierung von staatlichen Sicherheitsaufgaben: eine Untersuchung mit verfassungsrechtlichem Schwerpunkt, Berlin.

Weiner, Bernhard (2001:b): Privatisierung – Was meint das eigentlich?, in: Kriminalistik 55. Jg., H. 5, S. 317-321.

Weinzen, Hans Willi (2000): Berlin und seine Finanzen. Eine Einführung in das Finanzwesen 3.Aufl., Berlin.

Zentralverband Elektrotechnik- und Elektronikindustrie e.V. (Hrsg.) (2001): Videoüberwachung für den Bereich Hardenbergplatz (Bahnhof Zoo) / Breitscheidplatz in Berlin, 2.Aufl. Frankfurt am Main, unter: http://www.zvei.org/sicherheits systeme/broschueren/berlin.pdf, Zugriff vom 03.01.2004.

Zielasko, Michael (2000): Polizei und Private – eine klärungsbedürftige Beziehungskiste, in: Deutsche Polizei 49. Jg., H. 11, S. 6-10., unter. http://www.gewerkschaftder polizei-online.de, Zugriff vom 05.11.2003.

Zimmermann, Elisabeth: NRW und Berlin planen Teilprivatisierung des Strafvollzugs, 12.09.2003, unter: http://www.wsws.org/de/2003/sep2003/stra-s12.shtml, Zugriff vom 15.12.2003.

Zimmermann, Felix: Die Unsicherheitsdienste. Private Wachschutzfirmen boomen. Doch ihre Mitarbeiter sind oft schlecht ausgebildet, schlecht bezahlt und manchmal aggressiv, in: Berliner Zeitung v.10.09.2003, S. 20, unter: http://www.berlinonline.de /berliner-Zeitung/archiv/.bin/dump.fcgi/2003/0910/lokales/0003/index.html, Zugriff vom 20.09.2003.

Dokumente

Allgemeines Gesetz zum Schutz der Öffentlichen Sicherheit und Ordnung, Berlin 2003, unter: http://www.datenschutz-berlin.de/recht/bln/rv/sich_o/asog1.htm, Zugriff vom 12.10.2003.

Antrag der Fraktion B90 / Die Grünen, Mehr Liberalität in Berlin V – Keine Fahndung mit verdeckten SMS, 17.06.2003, Abgeordnetenhaus Berlin Drs. 15/1834.

Antrag der Fraktion der CDU und der Fraktion der SPD, Gesetz zur Änderung des Allgemeinen Sicherheits- und Ordnungsgesetzes, 23.02.1999, Abgeordnetenhaus Berlin Drs. 13/3511.

Antrag der Fraktion der CDU, Gesetz zur Änderung des ASOG und zur Ausweitung der Möglichkeiten der Videoüberwachung, 17.06.2003, Abgeordnetenhaus Berlin, Drs. 15/1827.

Antrag der Fraktion der CDU: Errichtung einer neuen Haftanstalt in Großbeeren, 23.01.2002, Abgeordnetenhaus Berlin Drs. 15/125.

Antrag der Fraktion der FDP: Mehr Berlin, weniger Staat. Entlastung der Polizei durch Wegfall von Objektschutzaufgaben, 21.01.2003, in: Abgeordnetenhaus Berlin, Drs. 15/1225.

Anträge der Fraktion der FDP; Mehr Berlin, weniger Staat; 16. bzw. 26.08.2002, Abgeordnetenhaus Berlin Drs. 15/1224 – 15/1228.

Berliner Modell / Polizeistrukturreform unter: http://www.berlin.de/polizei/Wirueberuns/berlinermodell.html, Zugriff vom 12.12.2003.

Beschluss des 3. Senats für Bußgeldsachen des Kammergerichtes in Berlin, Berlin vom 23.10.2003, Geschäftsnummer: 2Ss 171/96, 3Ws (B)406/96.

Finanzplanung Berlin 2003 bis 2007, unter: http://www.berlin.de/SenFin/Haushalt/finanzplanung03-07.html, Zugriff vom 04.01.2004.

Gesetz zur Änderung des ASOG, Plenarprotokoll Drs. 13/62, 29.04.1999, Abgeordnetenhaus Berlin Drs. 13/3596.

Gesetz zur Änderung des Bewachungsgewerberecht vom 26.07.2002, Bundesgesetzblatt (BGBl.) Teil 1 S. 2724 ff., unter: http://www.bundesgesetzblatt.de, Zugriff vom 13.10.2003.

Inhaltsprotokoll InnSichO, 19.05.2003, in: Abgeordnetenhaus Berlin, Drs. 15/26.

Inhaltsprotokoll InnSichO, 25.08.2003, Abgeordnetenhaus Berlin, Drs. 15/28.

Inhaltsprotokoll Recht, 28.02.2003, Abgeordnetenhaus Berlin, Drs. 15/3.

Koalitionsvereinbarung SPD / PDS Berlin 2001, Abschnitt Polizei und private Sicherheitsdienste, unter: http://www.berlin.de/rbmskzl/landesregierung/Koalitions vereinbarung/abss6.html, Zugriff vom 01.11.2003.

Plenarprotokoll, 30.01.2003, Abgeordnetenhaus Berlin, Drs. 15/25, GVBl. S. 67.

Plenarprotokoll, 21.03.2003, Abgeordnetenhaus Berlin, Drs. 15/07.

Presseinformation des Bayrischen Justizministeriums vom 01.06.1995, aktualisiert am 20.02.1999, unter: http://www.justiz.bayern.de/olgn/presse/info/ziv/prziv113.htm, Zugriff vom 09.12.2003

Pressemitteilung des BMI, unter: http://www.gpec.de/pressemitteilung/01b1f4938 40698a01.html, Zugriff vom 06.01.2004.

Pressemitteilung des Landes Berlin, unter: http://www.berlin.de/SenInn/Presse/ 1403.html, Zugriff vom 06.01.2004.

Pressemitteilung des Landes Berlin, unter: http://www.berlin.de/SenInn/Presse/ pm_1902.html, Zugriff vom 06.01.2004.

Pressemitteilung des Landes Berlin, unter: http://www.berlin.de/senfin/Presse/ Alt/140300_1.html, Zugriff vom 20.01.2004.

Reformkurs Hessen, unter: http://www.reformkurs.hessen.de/html/inindex.htm?/html/ proj_priv_stra.htm, Zugriff 18.12.2003.

Securitas Deutschland, Kurzprofil, unter: http://www.securitas-online.de/html/frset/ frset_js.html?PID=4, Zugriff vom 25.11.2003.

Senator für Finanzen Thilo Sarrazin zur Personalentwicklung im öffentlichen Dienst, unter: www.spd-berlin.de/sip-polizei/ - 47k, Zugriff vom 04.01.2004.

Senator für Inneres Erhart Körting: Antwort (Schlussbericht) auf Kleine Anfrage Nr. 15/ 604, 20.09.2002, in: DokNr. 180/202, S. 14.

Senatsverwaltung für Inneres Abteilung Öffentliche Sicherheit: Stellungnahme zum Antrag der FDP-Fraktion, Abgeordnetenhaus Berlin Drs. 15/1227.

Vorlage – zur Beschlussfassung – über Entwurf eines Gesetzes zur Änderung des Allgemeinen Sicherheits- und Ordnungsgesetzes und die Anwendung unmittelbaren Zwangs bei der Ausübung öffentlicher Gewalt durch Vollzugsbeamte des Landes Berlin, 28.05.2002, Abgeordnetenhaus Berlin Drs. 15/490.

12. Abkürzungsverzeichnis

a.a.O.	am angegebenen Ort
Abs.	Absatz
AK II	Arbeitskreis II
AKUS	Arbeitskreis für Unternehmenssicherheit
Art.	Artikel
ASOG	Allgemeines Gesetz zum Schutz der Öffentlichen Sicherheit und Ordnung in Berlin
BDWS	Bundesverband Deutscher Wach- und Sicherheitsunternehmen
BewachV	Bewachungsverordnung
BGB	Bürgerliches Gesetzbuch
BGBl.	Bundesgesetzblatt
BGS	Bundesgrenzschutz
BKA	Bundeskriminalamt
BOS	Behörden und Organisationen mit Sicherheitsaufgaben.
BSG	Bahn Schutz & Service GmbH
BTM	Berliner Tourismus Marketing GmbH
BVG	Berliner Verkehrsgesellschaft
DokNr.	Dokument Nummer
Drs.	Drucksache
ebd.	ebenda
EuSIS	Europäischen Sicherheits- und Informationssystem
FORSI	Forschungsstelle Sicherheitsgewerbe
GdP	Gewerkschaft der Polizei
GewO	Gewerbeordnung
GG	Grundgesetz
GVBl.	Gesetz- und Verordnungsblatt
IHK	Industrie- und Handleskammer
IGEB e.V.	Interessengemeinschaft Eisenbahn, Nahverkehr und Fahrgastbelange Berlin e.V.
IMK	Innenministerkonferenz
InnSichO	Ausschuss für Innere Sicherheit und Ordnung
LuftVG	Luftverkehrsgesetz
NJW	Neue Juristische Wochenschrift

o.ä.	oder ähnliche(s)
o.g.	oben genannt
ÖPNV	Öffentlicher Personennahverkehr
o.T.	ohne Titel
o.V.	ohne Verfasser
PFA	Polizeiführungsakademie
PKS	Polizeiliche Kriminalstatistik
s.	siehe
S.	Seite
SÖR	Schriften zum Öffentlichen Recht
StöW	Studien zum öffentlichen Wirtschaftsrecht
StPO	Strafprozessordnung
u.a.	und andere(s)
u.ä.	und ähnliche(s)
UZwGBw	Gesetz zur Ausübung unmittelbaren Zwanges und die Ausübung besonderer Befugnisse durch Soldaten der Bundeswehr und zivile Wachpersonen - Unmittelbares Zwang Gesetz
Vgl.	Vergleiche
z.B.	zum Beispiel
ZRP	Zeitschrift für Rechtspolitik

Anhang

Anlage 1: transkribierte Kopie – Original mit Sigel der beteiligten Akteure (d.Verf.)

Sicherheitspartnerschaft zwischen der Polizei in Berlin, dem Arbeitskreis für Unternehmenssicherheit Berlin-Brandenburg (AKUS) und privaten Sicherheitsdiensten

1. Anlass und Ziel der Vereinbarung

Die Gewährleistung der Inneren Sicherheit in Deutschland ist eine gesamtgesellschaftliche Aufgabe. In Erklärungen des Deutschen Bundestages und der Innenministerkonferenz wird deshalb das Zusammenwirken aller gesellschaftlichen Kräfte gefordert. Dabei werden ausdrücklich auch die Wirtschaft und die privaten Sicherheitsdienste in den Kommunen angesprochen. In diesem Sinn unterstützt auch der Arbeitskreis für Unternehmenssicherheit Berlin – Brandenburg (AKUS), der bei den Industrie- und Handelskammern in Berlin und Brandenburg angesiedelt ist, eine engere Zusammenarbeit zwischen den Sicherheitsbehörden und der Wirtschaft.

Die privaten Sicherheitsdienste in Berlin sind sich ihrer Mitverantwortung bewusst und bereit, die Sicherheitsarbeit staatlicher und kommunaler Organe durch eigene Beiträge zu ergänzen. Ziel dieser Sicherheitspartnerschaft ist es, die Polizei in Berlin durch die Einbindung der Ressourcen privater Sicherheitsdienste zu unterstützen und die Sicherheit in Berlin dadurch zu erhalten und zu verbessern.

2. Beiträge der privaten Sicherheitsdienste und des AKUS

Die Unternehmen, die dieser Sicherheitspartnerschaft durch Erklärung gegenüber dem AKUS beitreten, verpflichten sich einseitig gegenüber der Polizei in Berlin auf deren Anforderung zu den folgend näher aufgeführten Beiträgen. Den Kontakt zwischen den Unternehmen und der Polizei kann jeweils der AKUS vermitteln.

2.1. Ergänzung des polizeilichen Lagebildes

Die beteiligten Unternehmen gewinnen u.a. im Rahmen des Objektschutzes und des Revierdienstes zahlreiche und vielfältige sicherheitsrelevante Informationen, deren Kenntnis für die Polizei von Bedeutung sein könnte. Die beteiligten Untenehmen erklären sich bereit, zur Erstellung eines ganzheitlichen Sicherheitslagebildes der Stadt Berlin durch die Polizei bei aktuellen Anlässen eigene Erkenntnisse der Polizei unmittelbar oder über den AKUS zur Verfügung zu stellen, soweit dies zur Wahrung berechtigter Interessen eines Dritten oder im öffentlichen Interesse erforderlich sowie unter Beachtung der Datenschutzgesetze zulässig ist. Im Interesse eines gleichen Informationsstandes vereinbaren die beteiligten Unternehmen, neben der Polizei sich auch jeweils untereinander zu verständigen.

Soweit die Polizei ihrerseits Informationen gewinnt, die über den konkreten Einzelfall hinaus für die Sicherheitsbelange von Unternehmen relevant sind und an die gewerbliche Wirtschaft weitergegeben werden sollen, stellt AKUS für deren Verbreitung seine eigenen Möglichkeiten zur Verfügung. Er wird sich gegebenenfalls zusätzlich für eine Nutzung der Möglichkeiten der Industrie- und Handelskammern einsetzen.

2.2. Gemeinsame Sicherheitsbesprechungen

Zum Austausch von Informationen finden mindestens zweimal im Jahr gemeinsame Sicherheitsbesprechungen zwischen den beteiligten Unternehmen und dem AKUS statt, in denen neben der allgemeinen Sicherheitslage u.a. auch besondere Ereignisse, Großveranstaltungen, neue Schutzobjekte, Präventionskonzepte oder Sicherheitsanalysen erörtert werden. Anlässlich der Sicherheitsbesprechungen stellen die Unternehmen ihre hier wesentlichen Objekte und Aufgaben vor.

Die beteiligten Unternehmen sind mit je einem Teilnehmer vertreten. Im Interesse einer kontinuierlichen Effektivität sollten es möglichst stets dieselben Personen sein. Weitere Personen können bei Bedarf hinzugezogen werden. In jedem Fall werden Vertreter der Polizei zu den Gesprächen eingeladen. Die Teilnahme erfolgt jedoch in jedem Fall freiwillig.

2.3. Gemeinsame Einsatzzentrale der beteiligten Unternehmen

Im Interesse einer schnellen Verständigung bei zeitlich dringlichen Sicherheitslagen ist es notwendig, der Polizei einen gemeinsamen Ansprechpartner auch direkt bei den beteiligten Unternehmen zu benennen. Die beteiligten Unternehmen stellen hierfür eine ihrer täglich 24 Stunden erreichbaren Einsatzzentralen zur Verfügung.

Von hier aus werden eilbedürftige Hinweise auf Straftaten, besondere Ereignisse oder Gefahren dem Lagezentrum des Polizeipräsidiums Berlin unmittelbar mitgeteilt. Hierdurch soll die ordnungsgemäße Abwicklung ohne zeitaufwendige Verifizierung sichergestellt werden. Die erste gemeinsame Einsatzzentrale wird 8 Wochen nach Unterzeichnung der Vereinbarung durch die Gegenbauer Sicherheitsdienste GmbH in Betrieb genommen. Die Bereitstellung der Einsatzzentrale erfolgt seitens der beteiligten Unternehmen im jährlichen Wechsel.

2.4. Zusammenwirken im täglichen Dienst

Die beteiligten Unternehmen erklären sich bereit, die Polizei auf deren Ersuchen bei Fahndungen oder anderen besonderen Ereignissen durch eigene präventive Maßnahmen oder Mitteilung von Erkenntnissen zu unterstützen. Die Unternehmen sind des Weiteren bereit, den Bürgern als Ansprechpartner für die Weitergabe von Informationen und Hilfeersuchen an die Polizei zur Verfügung zu stehen.

2.5. Gewährleistung eines Qualifikationsstandards

Die Unternehmen begrüßen die Bereitschaft der Polizei, private Sicherheitsdienste, die bei besonderen Veranstaltungen beteiligt sind, im erforderlichen Maße über die Lage zu informieren, die aufgabenspezifische Einweisung des Personals im Bedarfsfall zu unterstützen und gemeinsame Maßnahmen abzustimmen.

Die beteiligten Unternehmen vereinbaren eine gemeinsame Ausbildung der eingesetzten Mitarbeiter sowie den wechselseitigen Informationsaustausch.
Soweit deutlich wird, dass für Mitarbeiter oder Führungskräfte der beteiligten Unternehmen zusätzliche Qualifizierungsmaßnahmen erforderlich sind, die am Markt noch nicht vorhanden sind, wird AKUS sich in Abstimmung mit der Polizei für die Schaffung eines entsprechenden Angebotes bei den Industrie- und Handelskammern in Berlin und Brandenburg einsetzen.

3. Beitritt der privaten Sicherheitsdienste

An dieser Sicherheitspartnerschaft können sich Unternehmen beteiligen, auf die folgende Kriterien zutreffen:

- mindestens 100 festangestellte Mitarbeiter;
- dreijährige Tätigkeit des Unternehmens am Markt;
- weisungsbefugte Einsatzzentrale, die 24 Stunden besetzt ist;
- anforderungsberechtigte technische Ausstattung;
- ISO-Zertifizierung nach DIN EN ISO 9001 ff.

Der Beitritt erfolgt durch eine einseitige Erklärung gegenüber dem AKUS, der auch die Erfüllung der genannten Kriterien überprüft.

Folgende private Sicherheitsdienste haben bereits ihre Mitwirkung zugesagt:

- Allgemeine Sicherheits- und Kontrollgesellschaft mbH Berlin (ASK)
- B.O.S.S. Sicherheitsdienste und Service GmbH
- Deutscher Schutz- und Wachdienst (DSW)
- P. Dussmann GmbH
- Gegenbauer Sicherheitsdienste GmbH
- Industrie- und Handelsschutz (IHS)
- Kötter Security
- Piepenbrock Sicherheitsdienste
- SECURITAS GmbH & Co.KG

Berlin, den 08. März 2002

Gerd Neubeck
Polizeivizepräsident

Carsten Baeck
Vorsitzender
Arbeitskreis für Unternehmenssicherheit Berlin – Brandenburg (AKUS)

Anlage 2: transkribierte Kopie, im Original kein 3. Abschnitt enthalten (d.Verf.)

LSA 12 18.02.2003
Bearbeiterin: N.N.

Erfahrungsbericht zum einjährigen Bestehen der Sicherheitspartnerschaft zwischen der Polizei in Berlin, dem Arbeitskreis für Unternehmenssicherheit Berlin-Brandenburg (AKUS) und privaten Sicherheitsdiensten
Hier: Kurzzusammenfassung

1. Umfang der Zusammenarbeit in Berlin

Die inhaltliche Ausgestaltung der Kooperation mit den privaten Sicherheitsdienstleistern orientierte sich zunächst an den Erfahrungen anderer Bundesländer, die z.T. zu diesem Zeitpunkt bereits vor 1-2 Jahren Wege für eine Zusammenarbeit auf eine vertragliche Grundlage gestellt hatten.
Abschließende Erfahrungsberichte aus den Ländern lagen jedoch in Berlin noch nicht vor.
Die Mehrzahl der Vertragsgestalten in den Ländern richteten sich an dem Leitmotiv des „Beobachten, Erkennen, Melden" aus.
Diese grundsätzliche Zielrichtung galt es auch in Berlin festzuschreiben.
Die Übertragung hoheitlicher Befugnisse, die Abgabe polizeilicher Aufgaben oder der Austausch von personenbezogenen Daten waren weder beabsichtigt noch rechtlich durchführbar.

Wesentliche Zielrichtung der Sicherheitspartnerschaft ist es , die Polizei in Berlin durch die Einbindung der Ressourcen privater Sicherheitsdienste soweit möglich und zulässig zu unterstützen und die öffentliche Sicherheit in Berlin dadurch zu erhöhen. Die nähere inhaltliche Ausgestaltung des Informationsaustausches wurde vom Landesschutzpolizeiamt in Übereinstimmung mit den an der Vereinbarung beteiligten Unternehmen und als Konsequenz aus den Erfahrungen der anderen Bundesländer in einen ersten Schritt so festgelegt, dass der Umfang der auszutauschenden Informationen gering zu halten ist und hinsichtlich der tatsächlichen Nutzbarkeit für die tägliche Dienstverrichtung überprüft wird.

2. Erfahrungen aus der Zusammenarbeit

a) der Polizei

Seit Unterzeichnung der Sicherheitspartnerschaft durch den amtierenden Behördenleiter und den Berliner Vorsitzenden des AKUS am 08.03.2002 wurden unter Leitung von LSA 12 in enger Zusammenarbeit mit LKA 14, LKA 5 und LKA 33 neben zwei gemeinsamen Sicherheitsbesprechungen aller beigetretenen Vertragspartner auch zahlreiche Arbeitssitzungen auf Arbeitsebene durchgeführt, in denen die unter Nr. 2 beschriebene inhaltliche Definition des Informationsaustausches erarbeitet wurde.

Die erste Besprechung am 14.05.02 diente darüber hinaus auch der Abstimmung der Öffentlichkeitsarbeit bezüglich der Inbetriebnahme der gemeinsamen Leitstelle der SDL, die am 17.05.02 unter Medieninteresse zunächst für ein Jahr bei der Firma Gegenbauer Sicherheitsdienste GmbH eingerichtet wurde. Der Informationsaustausch zwischen der Zentralstelle im Lagezentrum der Berliner Polizei und der Leitzentrale der SDL erfolgt mittels einer zentralen Telefonnummer und über verschlüsselten Fax- und E-Mail-Verkehr.

Die Einrichtung eines vernetzten PC-Systems scheiterte bisher an den baulichen und finanziellen Rahmenbedingungen der Polizeibehörde.

Bis zum heutigen Zeitpunkt wurden von der Polizei 39 modifizierte Veranstaltungskalender sowie 5 Fahndungsmeldungen an die gemeinsame Leitstelle der SDL weitergegeben. Von der Leitstelle der SDL wurden vornehmlich Meldungen weitergeleitet, die bereits über den polizeilichen Notruf bei der Polizei bekannt waren (25 Meldungen von 4 Unternehmen). Inhaltlich betrafen die Meldungen Sachverhalte, die die SDL bei Revierfahrten und im Objektschutz an den jeweiligen Objekten feststellten und zum vertraglichen Aufgabenspektrum der SDL gehören.

Somit konnten bisher kaum relevante Informationen von den SDL an die Polizei weitergegeben werden. Zur Erweiterung des allgemeinen polizeilichen Lagebildes konnten die Informationen nicht genutzt werden.

Der AKUS bestätigte die Erfahrungen des Landesschutzpolizeiamtes und verdeutlichte, dass die SDL technische Probleme in der Übermittlung und Weiterleitung der Informationen an die Mitarbeiter haben.

In der Analyse der bisherigen Zusammenarbeit wir folgendes deutlich:
Während auf Seiten der Polizei durch eine zentrale funkgesteuerte Technik die sofortige Weitergabe und Umsetzung bestimmter sicherheitsrelevanter Informationen möglich ist, liegen diese günstigen Voraussetzungen trotz der neu eingerichteten durchgehend besetzten Leitzentrale bei den 14 unterschiedlichen dezentral geführten Unternehmen nicht vor.
Die Möglichkeiten der Informationsweitergabe an die SDL wurden deshalb überschätzt. Zwar verfügen alle Mitarbeiter über die für ihre Aufgaben notwendigen objekt- bzw. kundenbezogenen Informationen, jedoch werden keine Besprechungen durchgeführt, in denen spezifische sicherheitsrelevante Informationen weitergegeben werden.
Die zeitgerechte Weitergabe von Informationen aus aktuellem Anlass scheitert häufig an den eingeschränkten Kommunikationsmöglichkeiten, da die Mitarbeiter im Regelfall nur von ihrem jeweiligen Unternehmen individuell über Handy zu erreichen sind.
Darüber hinaus ist bei den SDL eine gewisse Unsicherheit bezüglich der von ihnen erwarteten Meldungsinhalte zu verzeichnen.
Eine weitere Ausgestaltung und Konkretisierung scheint erforderlich.

Eine entscheidende Ursache für das schleppende Meldeverhalten der SDL liegt jedoch darin, dass es die Unternehmen trotz Belobigungen und finanzieller Anreizsysteme nicht vermocht haben, die Mitarbeiter für zusätzliche Aufgaben außerhalb ihres eigentlichen Arbeitsvertrages und Aufgabenspektrums zu motivieren. Knappe Personal- und Zeitvorgaben der SDL für die Revier- und Objektstreifen mögen noch ein Übriges dazu beigetragen haben.

Die vom Lagezentrum wöchentlich übermittelte Vorschau für das Veranstaltungs- und Versammlungsgeschehen in Berlin wird als hilfreich zur eigenen Lage- und Kräfteplanung gewertet.

Erhebliche Unregelmäßigkeiten gab es bei den gewerberechtlichen Überprüfungen der Sicherheitsfirmen.
Die unterlassenen Meldungen des Wachpersonals nach § 33 a GeWO haben zu zahlreichen Ordnungswidrigkeitsverfahren bei den zuständigen Ordnungsbehörden geführt, die noch nicht abgeschlossen sind.

Derzeit gibt es keinen Anlass, ein Unternehmen aus der Sicherheitspartnerschaft auszuschließen, da die erhobenen Vorwürfe durch die Betroffenen bzw. die jeweiligen Geschäftsführer entkräftet werden konnten.
Alle beigetretenen Firmen sind sehr auf die korrekte Einhaltung der gewerberechtlichen Vorschriften auch bei Subunternehmen bedacht und geben die geforderten Auskünfte gegenüber den Ordnungsbehörden bereitwillig.
Umstrukturierungen innerhalb der Bezirksorganisation können zu anfänglichen Irritationen bezüglich des Meldeverhaltens und der eingeleiteten Ordnungswidrigkeitsverfahren beigetragen haben. Eine erwartete werbeträchtige Vermarktung der Sicherheitspartnerschaft seitens der Unternehmen in Form von Hinweisen im Briefkopf oder Aufklebern auf Fahrzeugen ist bisher nicht eingetreten.
Insofern konnte kritischen Stimmen, die in der Kooperation mit der Polizei nur eine Profilierungsmöglichkeit und einen werbeträchtigen Begleitumstand zur Gewinnmaximierung der Unternehmen vermuteten, entgegen getreten werden.

b) des AKUS

Der AKUS kommt in Auswertung des zurückliegenden Jahres zu einer ähnlichen Einschätzung:

- Die Umsetzung der Meldewege war durch die Vielzahl der in Konkurrenz stehenden Untenehmen zeitintensiv und wegen des unterschiedlichen Niveaus bei den technischen und organisatorischen Grundvoraussetzungen schwierig.
- Die eingerichtete Leitstelle wurde dennoch ihrer Aufgabe gerecht. Die Sicherstellung der Meldwege ist jedoch von den beteiligten Unternehmen nicht als Bringschuld verstanden worden. Nur durch intensive Nachforderungen konnte eine Basis der Kommunikation geschaffen werden. Dies gilt es weiter zu festigen und zu optimieren.
  Der bevorstehende jährliche Wechsel der Leitstellenfunktion wird kritisch überprüft und möglicherweise doch erst zu einem späteren Zeitpunkt erfolgen.
- Das Meldeaufkommen ist an sichere Meldewege gebunden worden.
  Eine Erweiterung der Meldeinhalte dient dem Fortbestand der Kooperation und wird befürwortet.
- Meldungen aus der erhofften Umfeldbeobachtung der Revierfahrer erfolgten nicht.

- Eine Sanktionierung von Unternehmen mittels Aussetzung der Partnerschaft bis hin zum Ausschluss wird seitens AKUS vollzogen bei nachträglicher Nichterfüllung der Eingangskriterien und unakzeptablen Meldewegen und Reaktionszeiten in der Kommunikation.
Bisher war jedoch kein Ausschluss von Unternehmen erforderlich.
- Der Focus der Vereinbarung sollte erweitert und spezifiziert werden.
- Das Zusammenrücken der privaten Sicherheitsdienste in einem tariflichen Findungsprozess wird als Nebenerfolg der Partnerschaft gewertet.
- Die stringente gewerberechtliche Überprüfung der Vertragspartner führt zu einem Selbstreinigungsprozess der Unternehmen, der die Zusammenarbeit erleichtert.

4. Vorschläge für eine weitere Optimierung der Zusammenarbeit

Die ersten Eindrücke und Erfahrungen der Berliner Polizei und der SDL lassen erkennen, dass die weitere Ausgestaltung der Sicherheitskooperation nötig ist, um die Zusammenarbeit messbar und effizient für die öffentliche Sicherheit im Land Berlin auszubauen.
Daher sind die bekannten Schnittstellen zur Abgrenzung gegenüber der Aufgabenwahrnehmung durch die Polizei weiterhin zu beachten.

- Unstreitig ist, das eine weitere Spezifizierung der Anforderungen an die Meldungsinhalte erarbeitet und z.B. in Form von Meldeformularen jedem Revierfahrer zur besseren Einprägung und Ausgabenerfüllung mitgegeben werden müssen.
- Die interne Öffentlichkeitsarbeit innerhalb der Unternehmen und auch innerhal der Polizei muss spürbar verbessert werden, um das gemeinsame Ziel zu erreichen, die Öffentliche Sicherheit für die Bürgerinnen und Bürger zu erhöhen. Dies gilt insbesondere bei der Umsetzung von Fahndungsersuchen an die Bevölkerung.
- Eine ausgeprägtere Einbeziehung der SDL bei Präventionsaktivitäten der Polizei zur Aufklärung der Bevölkerung ist öffentlichkeitswirksamer zu gestalten und innerhalb der Mitarbeiterschaft der SDL zu vermitteln.

- Die bisher nur in Teilbereichen durchgeführte Fortbildung der SDL in spezifischen Themenfeldern, z.B. Veranstaltungsschutz, ist auszuweiten und zu optimieren. Die Berliner Polizei ist bereit, dabei zu unterstützen.
  Sie wird sich künftig nicht auf die Ausbildungsinhalte und Prüfungskriterien beschränken, sondern sich auch an der Ausbildung der Mitarbeiter im Sicherheitsgewerbe beteiligen.

5. Fazit

Das erste Jahr im Rahmen des Kooperationsvertrages ist ein wesentlicher Schritt für eine dauerhafte Zusammenarbeit der privaten Sicherheitsdienstleister und der Berliner Polizei, jedoch bedürfen sichtbare Erfolge weiterer Maßnahmen.

Aus diesem Grunde ist die bereits seit fünf Jahren auf örtlicher Ebene gute Zusammenarbeit mit den SDL fortzuführen und strukturiert auszubauen.
Grundsätzlich ist an den vereinbarten Zielen und dem rechtlich vorgegebenen Rahmen zur Intensivierung der Zusammenarbeit mit den SDL festzuhalten.
Die festgelegten Kommunikationswege bei der Kontaktaufnahme der Vertragspartner untereinander über die jeweiligen Leitstellen (Einsatzleitstelle der Polizei und Leitstelle der SDL) haben sich trotz eines erkannten Optimierungsbedarfs bewährt.
Die Erwartungen der Polizei in Bezug auf eine zeitgerechte Weitergabe der Fahndungsersuchen an die Mitarbeiter der SDL müssen wegen stark differierender technischer Möglichkeiten der SDL zurückgeschraubt werden.

Die vereinbarten Qualitätsstandards und insbesondere die Einführung der neuen DIN 77200 mit erhöhten Anforderungen an die Unternehmen des Sicherheitsgewerbes (erweiterte Fortbildung, erhöhte Anforderung an Organisation und Führung des Unternehmens) wird gerade bei Ausschreibungen öffentlicher Dienstleister dazu führen, sich nicht an dem „billigsten“ Angebot zu orientieren, sondern die Qualitätsoffensive der SDL voranzutreiben.
Die 14 beteiligten Unternehmen haben weiterhin ein großes Interesse an der Optimierung der Zusammenarbeit.

N.N.

Anlage 3

Interview (offen und teilstrukturiert) mit dem Berliner Landesgruppenchef des BDWS, Hartmut Noll, vom 06.11.2003

1. Die Entstehungsphase der Berliner Sicherheitspartnerschaft

Bereits 1999 schlug die Berliner Polizei eine Sicherheitspartnerschaft mit dem privaten Sicherheitsgewerbe vor. Wussten Sie davon? Warum kam es nicht dazu?

Ja, das wusste ich schon, aber warum das damals nicht umgesetzt wurde, kann ich Ihnen nicht sagen, das weiß ich nicht.

Anders als bei anderen Verträgen wurde die Berliner Vereinbarung nicht mit dem BDWS, sondern mit dem AKUS geschlossen, warum?

Der BDWS hier im Landesverband war damals eine ziemlich lahme Krücke. Es waren damals kaum Firmen darin repräsentiert, das hat sich stark verändert. Heute würde in eine solche Vereinbarung sicher stärker der Verband einbezogen werden.

Wie beurteilen Sie grundsätzlich die Sicherheitspartnerschaft? Bringt Sie Vorteile?

Für die Unternehmen bringen solche Partnerschaften kaum Vorteile. Sie sind in solchen Vereinbarungen aus dem durchsichtigen Grund, weil sie ihren Bekanntheitsgrad bei der Polizei erhöhen wollen; weil sie gehört haben, dass mittlerweile immer mehr Aufgaben der öffentlichen Hand in private übergehen sollen und dass sie dafür Empfehlungen von der Polizei brauchen. Das ist der Grund für die Privaten und die Gründe für die Polizei liegen natürlich auf der Hand. Sie müssen sich das so vorstellen, hier gibt es eben 15000 –16000 Leute, die dieser Tätigkeit auch gerade nachts nachgehen, sei es mit Autos, sei es stationär und die sehen eben sehr viel, was in dieser Stadt passiert. Die sehen Unfälle mit Fahrerflucht, die sehen möglicherweise – nicht dramatisch – aber irgendwelche Trunkenbolde, die randalieren, die sehen Einbruchdiebstähle oder Autoklauer und so weiter. Das wird dann sofort der Polizei gemeldet und die Polizei hat dann die Möglichkeit einzugreifen.

2. Das Dokument der Sicherheitspartnerschaft und dessen Umsetzung

Wie beurteilen Sie die inhaltliche Vertragsgestaltung? Hätten Sie statt des allgemeinen „Nebeneinanders" eine Konkretisierung der Aufgabenfelder bevorzugt?

Eine Aufgabenorientierung wäre uns viel lieber gewesen, aber Sie müssen sich auch in die Polizei mal rein versetzen, die Polizei macht das zwar, weil letztendlich ihr oberster Dienstherr sie quasi zwingt und weil es auch nahe liegt, aber gerne tut sie es nicht, weil sie sich innerlich immer noch nicht davon verabschiedet haben, dass sie die Aufgaben lieber selber wahrnehmen würden.

Genügt Ihrer Meinung nach die vertragliche Bezeichnung „sicherheitsrelevante Informationen"?

Nein, aber Sie können ja – auch wenn die Mitarbeiter von uns draußen, auch wenn die nicht alle den höchsten IQ haben, aber das sind normale Bürger und die sind auch keineswegs dumm, aber wenn Sie denen sagen, dass sie alle Gefahrenherde möglichst schnell melden sollen, dann reicht das. Das wissen die ganz genau, die wissen auch, dass, wenn einer bei Rot über die Straße geht, dass sie das nicht zu melden haben aber ansonsten melden sie das schon und sie sind ja auch mit der modernen Kommunikationstechnik unterwegs, sich sofort an ihre Zentrale zu melden, die dass dann automatisch an die Polizei weitergeben kann.

Funktioniert der Informationsfluss zwischen privatem Sicherheitsgewerbe und Polizei reibungslos? Haben sich die Berliner Firmen stärker vernetzt?

Das funktioniert völlig reibungslos. Die Firmen untereinander haben sich nicht stärker vernetzt, das macht auch keiner, da jede Firma auch den anderen gegenüber im Konkurrenzverhältnis steht. Diese Firmen habe alle - und das unterscheidet auch seriöse von anderen – eine eigene Sicherheitszentrale, die rund um die Uhr besetzt ist. Und das reicht und nur das ist wichtig, dass in dieser Zentrale rund um die Uhr jemand ist, der diese Meldung verarbeitet und dann weitergibt.

Wie viele Firmen sind aktuell mit wie vielen Mitarbeitern und Fahrzeugen beteiligt? Sind die Fahrzeuge besonders gekennzeichnet?
Ich denke, dass sind 10 bis 12 Firmen, aber eine Anzahl von Wagen kann ich nicht nennen. Eigene Aufkleber so wie in Sachsen vorhanden und in Thüringen angestrebt gibt es nicht, da ist wohl noch niemand auf die Idee gekommen, vielleicht befürchtet man, dass ein gewisser Abschreckungseffekt dann nicht erzielt würde, aber ich kann es Ihnen nicht sagen.

Wie oft fanden gemeinsame Gesprächsrunden statt? Wie beurteilen Sie diese?
Die finden regelmäßig statt, so alle zwei Monate, nicht immer mit Vertretern der Polizei, aber in besonderen Fällen sind die schon dabei. Diese Runden bringen auch was, das ist ja auch ein gewisser Wettbewerb. Dort wird ausgetauscht, wie viel und welche Unternehmen welche Meldungen abgegeben haben, die zum Erfolg geführt haben. Und da wird auch derjenige schief angeguckt, aus dessen Unternehmenswirkungskreis nicht eine einzige Meldung abgegeben wurde.

Hat Sie die Polizei oder der Senat wie versprochen bei der Aus- und Fortbildung unterstützt?
Das ist bisher noch nicht passiert, aber nicht, weil die Polizei oder der Senat das nicht wollten, sondern weil es noch nicht nötig war. Dass kann dann erst sein, wenn die Aufgabe der privaten Sicherheitsunternehmen noch qualifizierter geworden ist, also wenn sie dann wirklich hoheitliche Aufgaben der Polizei übernehmen.

Wurde das private Sicherheitsgewerbe bei Fahndungen eingesetzt? Müsste im Vertrag ein eindeutiger Bezug auf Öffentlichkeitsfahndungen konkretisiert werden?
Soweit ich weiß, sind wir bei Fahndungen nicht eingesetzt worden, aber ich bin mir nicht einhundertprozentig sicher. Das hätte auch nicht weiter konkretisiert werden müssen.

Genügen die datenschutzrechtlichen Regelungen im Vertrag?
Die datenschutzrechtlichen Regelungen genügen, es werden ja auch keine datenrelevanten Grenzen verletzt. Es ist mir hier auch noch nichts bekannt geworden.

Können diese Regelungen problemlos in der alltäglichen Arbeit umgesetzt werden?
Die Dinge, die da festgestellt werden, das sind je meist kleine oder mittlere Delikte auf frischer Tat, das heißt, der Angestellte nimmt die ja nicht vorläufig fest, sondern meldet dann, hier sind welche gerade dabei einen Wagen zu knacken. Deswegen sind datenschutzrechtliche Besonderheiten nun dafür gar nicht relevant.

Im Vertrag wird die Vermittlungsfunktion zwischen Bevölkerung und Polizei betont, wie bewerten Sie diese neue „Bindegliedsfunktion"?
Das ist ein Wunschdenken der Polizei, wie soll das denn gehen? Die Leute fahren draußen rum und machen ihre Arbeit. Sicherlich, wenn sie die Gelegenheit dazu haben, wird mal ein Schwätzchen gemacht, aber deren Aufgabe ist es bestimmt nicht, die Bevölkerung darüber zu unterrichten, was sie machen. Das ist vielleicht von der Polizei erwünscht, aber wird nicht umgesetzt und das muss einfach die Polizei selber machen. Das gilt auch für das Ideal der „ständigen Ansprechperson".

Im Vertrag wird auch das öffentliche Interesse als Handlungsanweisung angesprochen, wie bewerten Sie diese neue Ausrichtung?
Das fällt unter den gerade genannten Punkt und ist meiner Meinung nach nicht so relevant.

3. Fazit der praktischen Zusammenarbeit
Welches Fazit ziehen Sie nach anderthalb Jahren Sicherheitspartnerschaft?
Das hat sich sehr gut bewährt und ist sicher noch ausbaufähig. Es wird noch eine Weile dauern, bis sich das alles eingefügt hat. Allerdings ist das private Sicherheitsgewerbe ein Gewerbe mit einer hohen Fluktuation, dass ist immer der Fall in Bereichen, wo Schandlöhne gezahlt werden. Jeder Neu-Angestellte muss auch neu angewiesen werden und das führt eben dazu, dass in anderthalb Jahren noch nicht das erreicht wurde, was mittelfristig mal geplant wurde, aber es sind Ansätze da, wo man sagen kann: hier ist schon viel erreichet worden.

Wo sehen Sie weiteren Handlungsbedarf?
Natürlich im Bereich der Qualifizierung.

Denken Sie, dass die Branche aufgrund dieses Vertrages nachhaltig zur Gewährleistung der Öffentlichen Sicherheit beitragen konnte?
Das hat es bestimmt und das ist ja auch geplant. Es ist ja geplant, immer mehr hoheitliche Aufgaben an Private zu übergeben und das gehört ja auch dazu. Das ist auch zu erweitern. Erlauben Sie mir diesen Exkurs, wir haben hunderttausende Arbeitslose und Sozialhilfeempfänger – aus welchen Gründen auch immer – die der Staat ohnehin bezahlen muss. Warum nimmt man die nicht zum Beispiel und sagt, Du hast das Geld von uns, deswegen möchte ich – Handy stellen wir Dir – dass Du mit einer leuchtenden Jacke – die stellen wir Dir auch – mir drei Kollegen allabendlich oder auch tagsüber dort und dort langgehst. Du brauchst nicht zu verhaften oder so was, Du sollst nur präsent sein und beobachten.

4. Die Rolle des privaten Sicherheitsgewerbes im System der Öffentlichen Sicherheit

Wie beurteilen Sie – abgesehen von der Kooperationsvereinbarung – das allgemeine Nebeneinander von Polizei/BGS und privatem Sicherheitsgewerbe in Berlin?
Der BGS greift ja ohnehin nur ein, wenn Bundesgesetze eingehalten werden müssen bzw. tangiert werden. Die sehen sich auch als etwas Besseres als die Polizei an, das hängt mit uraltem hierarchischem Denken zusammen – und dann kommt ne Weile gar nichts und dann kommt irgendwann das private Sicherheitsgewerbe. Aber es gibt auch viele Beispiele, in denen sie nebeneinander arbeiten. Der Idealfall ist zum Beispiel die gemeinsame Teilhabe von Botschafts- und Konsulatsbewachungen.

Sehen Sie die Branche in ergänzender Funktion zur Polizei oder in der Rolle des früher sogenannten „Juniorpartners"?
Als Juniorpartner in bezug auf den Erhalt der öffentlichen Sicherheit sehe ich es durchaus, das trifft zu.

Wie beurteilen Sie das Sicherheitsbedürfnis und –gefühl der Berliner Bevölkerung?

Ich glaube nicht, dass sich das Sicherheitsgefühl so wesentlich verändert hat. Es kann natürlich nur subjektiv und nicht objektiv betrachtet werden. Es ist, wenn überhaupt, höchstens schlechter geworden, weil der Berliner, wenn er die Zeitung aufschlägt, irgendwelche Horrormeldungen liest. Das ist ja das Vertrakte; weil sich natürlich – wie in jeder Gesellschaft – die Frage stellt: Gibt es irgendwann mal eine Sicherheitsgarantie nur für Reiche? Derjenige, der es bezahlen kann, würde dann sicher leben und derjenige, der das nicht kann, der wird es immer stärker sein, der sich Bedrohungen ausgesetzt fühlt.

Hatten die Anschläge vom 11. September 2001 in New York Auswirkungen auf Ihre Arbeit?

Am Anfang hatte dies gewaltige Auswirkungen, insbesondere in Westberlin war ja das frühere Engagement der Amerikaner gewaltig. Die amerikanischen Unternehmen hier hatten einige gewaltige Angst, dass etwas ähnliches hier auch passiert. Diese haben in den ersten Wochen und Monaten wahre Horrorszenarien entworfen und sich Möglichkeiten des Schutzes überlegt. Das führte dazu, dass kurzfristig die Bewachungsgesellschaften einen gewissen Boom hatten, der dann aber sukzessive wieder zurückgeführt wurde. Heute ist da kaum noch was von zu sehen, das Niveau hat sich wieder eingependelt.

Wo sehen Sie das größte Einsatzpotenzial des privaten Sicherheitsgewerbes?

Die öffentliche Hand vergibt aufgrund leerer Kassen Aufträge oft nicht an die leistungsstärksten, sondern an die billigsten Firmen, das führt dazu, dass die meisten seriösen Firmen sich zwar noch an den Ausschreibungen beteiligen, aber unterm Strich die seriösen Firmen, wenn sie tariftreu sind, gar nicht mehr berücksichtigt werden. Das heißt, man stürzt sich folgerichtig dann auf private Aufträge, wo das noch ein bisschen anders ist. Da wird zwar auch gespart, aber ist wird immer noch stärker auf Leistungsfähigkeit geachtet.

Das Ganze könnte sich ändern, wenn wir die Allgemeine Verbindlichkeitserklärung (AVE) erreichen, weil dann derjenige, der sich an Ausschreibungen beteiligt, gezwungen werden kann, die entsprechenden Löhne zu bezahlen. Bei Ausschreibungen klaffen mitunter 60 bis 70 % der Summen auseinander. Deswegen wird das der private Raum weiterhin starkes Einsatzpotential sein, aber aufgrund auszulösender Aufgaben bis hin zur Bewachung von Gefängnissen auch der öffentliche Auftraggeber.

Welche sekundären Aufgaben der Polizei könnte die Branche Ihrer Meinung nach übernehmen?
Verkehrskontrolle, Parkraumüberwachung, Aufnahme leichter Unfälle, Überwachung des ruhenden und fließenden Verkehrs, die können genauso Bilder machen, Bewachung von Polizeikasernen gehört perfiderweise auch dazu oder die Bewachung von Gefängnissen, Gefängnistransporte, Bewachung von öffentlichen Einrichtungen wie zum Beispiel das Jüdische Museum oder Botschaften und Konsulate, die Bewachung von Polizeigebäuden ist in Berlin noch nicht umgesetzt worden, aber da wird in der Arbeitsgemeinschaft dran gearbeitet.

Ist die öffentliche Hand in Berlin mit 60% an den Aufträgen beteiligt?
Zu 60% kann ich nichts genaues sagen, wahrscheinlicher ist wohl eher der Bundesdurchschnitt von 40%.

Betrachten Sie die Instrumente der Beleihung und des Verwaltungshelfers als ausreichende Instrumente?
Das kann ich nicht so genau sagen, in diesen Detailfragen bin ich nicht so bewandert.

Werden in Berlin auch Straßen und Fußgängerzonen verpachtet?
Verpachtet nicht, aber es gibt immer wieder Anlässe wie jetzt wieder auf dem Kurfürstendamm, wo eine private Firma sich anbietet, diejenigen zu bewachen, die sich in einer AG zusammengefunden haben. Sie patrouilliert übern Kudamm, sind mit Funkgeräten verbunden, eventuell auf Motorrädern.

Wie funktioniert die Zusammenarbeit mit der Polizei im halböffentlichen Raum? Ist die Polizei schnell erreichbar?
Das funktioniert sehr gut, sie sind schnell erreichbar. Aber irgendwo sollte man immer versuchen, dass auf das kommerzielle zurückzuführen, es macht keiner was umsonst. Es muss ein konkreter Auftrag da sein, entweder von der öffentlichen Hand für bestimmte Gebiete, da und dort ist die Kriminalität besonders hoch, wir haben das Geld und die Ressourcen nicht, da müsst Ihr uns helfen, dann kommt der Auftrag von der Polizei.

Oder aber Private schließen sich zusammen und sagen, pass mal auf, die Polizei kann nichts mehr machen, Ihr müsst uns helfen, das bezahlen wir. So werden die Sachen dann verteilt. Erreichbar ist die Polizei in Windeseile. Allerdings ist unsere technische Ausstattung erheblich besser als die der Polizei. Die Polizei fühlt sich für solche Gebiete auch nicht weniger verantwortlich, im Gegenteil, die fühlen sich immer ein bisschen zurückgesetzt, wenn Private da präsent sind.

Sind an den nach ASOG als „gefährliche Orte“ eingestuften Gegenden sowohl Private als auch die Polizei präsent?
An diesen ‚gefährlichen Orten’ sind meines Erachtens Private überhaupt nicht tätig.

5. Die Novellierung der Bewachungsverordnung von 2002
Wie bewerten Sie die Novellierung der Bewachungsverordnung von 2002?
Ursprünglich war es so, dass jeder, wenn er nicht grade zigmal vorbestraft war, im Bewachungsgewerbe arbeiten ob als Geschäftsführer oder subalterner Mitarbeiter. Das hat man versucht zu ändern, heute muss jeder der im Gewerbe tätig ist, sich einer Schulung unterziehen. Der einzige der davon profitiert, ist meiner Meinung nach die IHK, weil die horrende Gelder dafür verlangt und die Mitarbeiter sitzen da, passen auf oder auch nicht, das wird auch nicht kontrolliert, sie müssen keine Prüfung machen, sondern werden eben nur unterrichtet. Das ist Blödsinn, wenn man so etwas macht, dann muss zumindest das Gefühl bei den Mitarbeitern erweckt werden, dass sie sich dann auch mal einer kleinen Prüfung unterziehen müssen, wenn das nicht ist, können Sie das Ganze vergessen. Aber es ist immer noch besser als nix, von daher geht wenigstens der Ansatz in die richtige Richtung.

Hätten Sie Veränderungsvorschläge?
Das Unterrichtungsverfahren ist stark überarbeitungsbedürftig, dann erhebt sich die Frage, warum Private nicht selber schulen könnten, die Dozenten sind ja sowieso von uns.

Werden die neuen Regelungen flächendeckend umgesetzt?
Nee, das glaub ich nicht, das ist ja gar nicht praktikabel. Das ist ja wie bei allen Gesetzen, eigentlich sollen die Interessenvertreter mitwirken, weil sie ihre persönlichen Erfahrungen einfließen lassen könnten, und das ist hier ganz offensichtlich zu kurz gekommen, es sind viele Ungereimtheiten darin, die überhaupt nicht nachzuvollziehen sind. Also bei Kartenabreißern bei Volksfesten zum Beispiel braucht der Student oder Schüler meiner Meinung nach keine Unterrichtung.

Benötigt die Branche eine einheitliche Regelung oder neue Befugnisse?
Anstrebenswert ist das sicher, aber ich sehe hier keine praktische Durchführbarkeit. Neue Befugnisse braucht die Branche nicht, da ist schon viel mehr als nötig geregelt.

Denken Sie, dass die neuen Fachkräfte für Schutz und Sicherheit auf dem Markt eine Chance haben?
Nein, natürlich werden die sicher vermittelt werden, aber nicht zu den Konditionen, die sich vorgestellt haben und aufgrund ihrer Ausbildung erhoffen.

Wie wichtig ist Ihnen Imagepflege?
Ganz wichtig, das ist das Entscheidende. Und das fängt damit ein, das man die Leute ordentlich und kenntlich kleidet. Wenn sie Billigstkleidung anhaben, muss man sich nicht wundern, wenn sie dazu vielleicht dreckige Schuhe tragen oder – ich übertreib jetzt mal – sich vielleicht den Hals nicht gewaschen haben. Wenn sie gute Klamotten haben – wir geben dafür ein Vermögen aus jedes Jahr – und sie sehen auf einmal, tolle Hemden, die kratzen nicht, sehen auch gut aus, gute Krawatte, alles passend, dann merken sie das auch und das sind zum Beispiel Äußerlichkeiten, die zu Imagepflege gewaltig beitragen.

Vielen Dank für das Gespräch.

Anlage 4

Anonymes Interview (offen und teilstrukturiert) mit einem Mitarbeiter der Polizei, Stab des Polizeipräsidenten von Berlin, vom 17.11.2003

1. Die Entstehungsphase der Berliner Sicherheitspartnerschaft

Bereits 1999 schlug die Berliner Polizei eine Sicherheitspartnerschaft mit dem privaten Sicherheitsgewerbe vor. Warum kam es nicht dazu?

Seitens der Polizei ist diese Partnerschaft immer ein bisschen kritisch gesehen worden, seitens der Sicherheitsdienste war dieser Wunsch mehr oder weniger latent schon immer vorhanden. Aber als Polizei haben wir uns immer eigentlich dagegen gesträubt. Es haben vielleicht früher Kontaktgespräche stattgefunden, aber niemals mit dem Ziel, eine Sicherheitspartnerschaft einzurichten. Das wurde erst eine Aufgabe der Polizei nach dem Beschluss der Innenministerkonferenz von 02.02.2000, Kriminalprävention ist eine gesamtgesellschaftliche Aufgabe. Damit wurde die Zusammenarbeit zum politischen Auftrag. Düsseldorf und Frankfurt fingen an, Berlin hat sich hier erst zurückgehalten, abwarten, mal sehen was rauskommt und so. Man hat hier große Bedenken, mit den Wirtschaftlichen zusammenzukommen. Man hatte selbst bei dem AKUS-Vertrag noch Bedenken, dass hier so eine Art Zertifikat ausgesprochen wird für die Privaten so wie: Ja - wir sind polizeigeschult oder so ähnlich. Dass hier also der Werbefaktor der Firmen erhöht und aufgewertet wird.

Was waren die Gründe für die Berliner Polizei, eine Sicherheitspartnerschaft mit dem privaten Sicherheitsgewerbe anzustreben?

Das war letztendlich der politische Auftrag, dessen Umsetzung dann eben zu erfolgen hatte. Und man hat im AKUS den entsprechenden Partner gefunden. Für die Polizei war klar, man würde nicht mit den einzelnen Firmen verhandeln. Der Vertrag von Düsseldorf auch von der ganzen Konstellation her wurde dann das Vorbild. In erster Linie geht es also um einen Informationsaustausch im Sinne von Beobachten, Melden und dergleichen.

Wie beurteilen Sie grundsätzlich die Sicherheitspartnerschaft? Welche Vor- und Nachteile bringt sie für die Polizei?

Neben dem politischen Auftrag ist natürlich auch die Polizei hier nicht ganz uneigennützig. Man denkt sich: Da sind Wachsschutzstreifen, die durch den Kiez streifen oder mit dem Wagen ihre Touren fahren. Die sehen und hören natürlich viel – so die Polizeimeinung – und von daher dachte man, wenn man Leute auf den Straßen hat, die unter Umständen Beobachtungen mitteilen, so dass man sich ein besseres Lagebild verschaffen kann, was dann in der Kriminalitätsprävention oder -bekämpfung weiter hilft. Man gewinnt Erkenntnisse, die man ganz gezielt für seine Zwecke einsetzen kann. Das war also auch ein Hintergedanke der Polizei. Die Partnerschaft bringt keine Nachteile, aber auch noch nicht mal Vorteile, doch darüber reden wir ja dann. Wenn ich jetzt zehn Boten losschicke und keiner meldet mir was – ist das ein Nachteil?

2. Die Rolle der Berliner Polizei im System der öffentlichen Sicherheit

Lässt sich eine Zunahme bzw. die Verstärkung der Aufgabenbelastung der Polizei in Berlin seit 1990 plastisch beschreiben?

Neue Aufgaben haben wir nicht. Die Polizei hat hier schon immer die gleichen Aufgaben gehabt. Es gab natürlich mit der Wiedervereinigung erhebliche Probleme zu bewältigen, weil Berlin ja schlagartig größer wurde und Verkehrsprobleme und Verkehrsströme sich erheblich anders gestalteten als noch kurz vorher. Die Anzahl der Straftaten stiegen. Innerbetrieblich musste man die Volkspolizisten auf den neuen Standard heranführen und schulen. Vom gesetzlichen Auftrag und vom Aufgabenspektrum her hat sich nichts geändert. Wir hatten natürlich Anfang der 90er eine Steigerung der Kriminalität, wie es die PKS zeigt und sind auch jetzt noch auf einem hohen Niveau. Daraus ergeben sich natürlich Aufgaben der Kriminalprävention und Einsetzen aller Ressourcen für die Kriminalitätsbekämpfung, und in dem Zusammenhang kann man jetzt auch Sicherheitspartnerschaften sehen.

Im Vergleich mit vielen westdeutschen Polizeien leidet die Berliner Polizei darunter, dass wir viele Aufgaben wahrnehmen, die in anderen Bundesländern originär Ordnungsämtern zugeordnet sind. Wir nehmen hier viele Aufgaben stellvertretend wahr. Das hat sich bei extremen Belastungen natürlich bemerkbar gemacht, dass hier viel noch zu erledigen war und man nicht frei war, sich nur der Kriminalprävention zuzuwenden. Z.B. Umweltstreifen oder Kontrolle der Gaststättenverordnung. Langsam kommt man aber auch hier wieder dahin, dass die Bezirksämter mehr Verantwortung übernehmen. Natürlich hat sich die Gewichtung der Aufgaben verändert, aber nicht die Anzahl.

Würden Sie zustimmen, wenn es heißt, die Polizei ist alleine nicht mehr in der Lage, die öffentliche Sicherheit aufrecht zu erhalten?
Jaein – natürlich führt der immense Anstieg von Straftaten dazu, neue Konzeptionen bei der Polizei zu entwickeln. Welche Ressourcen habe ich? Wo kann ich personell Kräfte freischaufeln, um sie wieder speziell einzusetzen. Und wenn man natürlich mit Ordnungsaufgaben immens gebunden ist, dann ist das nicht in unserem Sinne. Unser Bestreben ist es, Ordnungsaufgaben abzugeben.
Es gibt alte Themen wie den Vergleich Polizeidichte Hamburg und Berlin. Berlin hat immer noch die höchste Polizeidichte. Und sicherlich hat Hamburg weniger Polizisten pro Einwohner als wir, aber die haben auch weniger Aufgaben. Wir schleppen hier immer noch alle möglichen Ordnungsaufgaben mit uns herum, was sich aus der früheren Situation des geteilten Berlins ergibt, als die Polizei schlichtweg für alles verantwortlich war Das möchten wir in Berlin gerne grundsätzlich ändern.

3. Das Dokument der Sicherheitspartnerschaft und dessen Umsetzung

Wie beurteilen Sie das inhaltliche Konzept der Partnerschaft? Wäre statt einem allgemeinen „Nebeneinander" eine Konkretisierung in Aufgabenfelder sinnvoller gewesen?
Die Polizei kann einfach keine Aufgaben an Private übergeben und übernehmen werden wir ja auch keine. Das ist ja das, was auch seitens der Politik und Polizei ganz klar gesagt wurde, dass es eben hoheitliche Aufgaben geben muss, wo wir als Polizei eben unsere hoheitlichen Aufgaben wahrnehmen, und die eben überhaupt nicht durch private Sicherheitsdienstleister erfüllt werden. Auch im Zusammenhang mit Datenaustausch ist hier äußerste Vorsicht zu walten.
Was so damals durch die Presse geisterte, Polizei und Sicherheitsdienste arbeiten jetzt Hand in Hand und Daten fließen und wer weiß, was die Firmen damit machen – also diesen ganzen Befürchtungen wollte man auch damit die Spitze nehmen, dass man den Vertrag auch gar nicht so abgeschlossen hat, sondern gesagt hat, was geht und was nicht und was auch an Informationen fließen darf und was nicht. Diese Form ist hier schon günstiger. Also auch Parkraumbewirtschaftung sollte meiner Meinung nach immer in öffentlicher Hand bleiben, und das ist hier alles ganz klar getrennt.

Genügt Ihrer Meinung nach die vertragliche Bezeichnung „sicherheitsrelevante Informationen"?
Im Großen und Ganzen schon. Sicherheitsrelevante Informationen haben wir uns erhofft. Bei uns gibt es ja auch Fälle, dass wir Dinge sehen, die uns komisch vorkommen, die aber noch nicht den Verdacht einer Straftat begründen, sondern wo wir nur feststellen, da müsste man mal nachhaken. Also z.B. uns fällt ein Auto auf, was da ständig in einer Nähe einer Bank steht. Für diesen Bereich gibt es in der Polizeibehörde einen Beobachtungs- und Feststellungsbericht. In diesem Bericht werden derartige Beobachtungen festgehalten und dann wird eben überprüft, ob man vielleicht über das Kennzeichen oder die Örtlichkeit im Vorfeld eine Straftat verhindern kann oder spätestens dann bei der Bearbeitung und Aufklärung einer Straftat auf solche Informationen zurückgreifen kann.

Das sind so die Informationen, die mit dem Sicherheitsaspekt gemeint sind. Dass wir solche Informationen von den Streifen der Sicherheitsdienstleister eigentlich haben wollen. Alles, was ihnen so ein bisschen ungewöhnlich vorkommt, was sie aber normalerweise im Sinne ihrer eigentlichen Tätigkeit nicht melden würden. Denn bis jetzt läuft es so und mit diesem Vertrag hat sich ja nicht viel geändert, die kommen irgendwohin, stecken ihren Schlüssel ins Schloss und stellen fest, dass eine Wand beschmiert wurde oder 'ne Scheibe ist kaputt. Das sind aber Meldungen, die kriegen wir so oder so, weil sie den Funk anrufen. Wir hatten eigentlich erhofft von Sachen zu erfahren, die nicht unbedingt einen Einsatz auslösen. Das ist das, was der Begriff meint und dafür reicht das eigentlich auch, vielleicht ist er auch schon ein bisschen hochtrabend. Man muss auch einfach sehen, aufgrund dessen, was im Gewerbe verdient wird, hat man hier auch nicht die engagiertesten Kräfte.

Wie wurde die Kooperationsvereinbarung umgesetzt? Funktioniert der Informationsfluss zwischen privatem Sicherheitsgewerbe und Polizei reibungslos?
Nach Anfangsschwierigkeiten funktioniert das schon. Also von Seiten der Polizei, was so die Veranstaltungslage betrifft, erhalten die Sicherheitsdienste einen minimierten Veranstaltungskalender. Also sie bekommen nicht alles, aber sie wissen in etwa, was los ist und können dann auch ihren Bedarf einschätzen, Also wenn z.B. ein Demozug von A nach B geht, dann wissen sie, welche Objekte oder andere Veranstaltungen unter Umständen betroffen sind. Davon bekommen sie mit diesem abgespeckten Veranstaltungskalender Kenntnis. Das war im ersten Jahr 39 mal der Fall.

Was von der Polizei auch noch raus geht, sind Öffentlichkeitsfahndungen. Aber das sind dann auch Fahndungen, die Sie am nächsten Tag auch in der Zeitung sehen. Für uns bietet sich hier nur die Chance, dass schnell an Leute weiterzugeben, die viel draußen unterwegs sind und vielleicht dann dort auch eher fündig werden. Umgekehrt kommt zu uns nicht dass, was wir uns erhofft haben, meistens sind es eben sogenannte 110-Einsätze, wo der Funkwagen gerufen wird. Dazu kommt noch, dass neben der Polizei, die zwar über ein intaktes Funknetz verfügt, uns die Privaten aber nur über Handy rufen konnten. Auch untereinander zwischen den Firmen funktionierte das alles noch nicht so gut. Mittlerweile bleibt die Leitstelle bei Gegenbauer, weil es unsinnig ist, hier ständig zu wechseln und es ist auch alles ein bisschen besser geworden, aber nach dem ersten Jahr meinten beide Seiten, na ja, so richtig funktioniert der Informationsfluss noch nicht. Aber daran wird gearbeitet. Wir haben ein neues Meldeformular entwickelt, aber momentan sind es meistens die Sachen, die uns sowieso erreichen.

Wie viele Firmen sind aktuell mit wie vielen Mitarbeitern und Fahrzeugen beteiligt?
Das sind noch die Firmen aus dem Vertrag. (Keine Angabe zu Fahrzeugzahlen – d.Verf.)

War der Vertrag als Pilotprojekt oder Testphase gedacht?
Nein, so war es nicht gedacht, dass soll auch längerfristig weitergehen. Man sieht auch z.B. in Düsseldorf oder Frankfurt, dass dort einiges einschläft, in Düsseldorf werden gerade Anstrengungen unternommen, dass Projekt neu zu beatmen, in Frankfurt wird es völlig schleifen gelassen, denen ist es egal. Und wir stellen eigentlich auch fest, dass, wenn man nicht ständig versucht z.B. Gespräche mit dem AKUS oder den Sicherheitspartnern durchzuführen, es eigentlich auch stagniert. Man muss ständig schieben und anschieben, sonst schläft das alles ein und das Erhoffte tritt nicht ein.

Mann muss auch mal sagen, auch ohne diesen Vertrag hat es Zusammenarbeit zwischen Polizei und Privaten natürlich schon immer gegeben. Bei jeder Veranstaltung, sei es ein Popkonzert oder eine Sportveranstaltung gibt es ja den internen Sicherheitsdienst, und mit dem musste die Polizei ja schon immer zusammenarbeiten. Da geht es schon um ganz profane Dinge wie z.B. die Wahrung des Hausrechtes. Wenn z.B. am Eingang jemandem verboten wurde, die Veranstaltung zu betreten, dann übten die Firmen das Hausrecht aus. Aber wenn derjenige sagte, ich gehe nicht und Ihr habt mir gar nichts zu sagen, dann ist das der Moment, wo die Polizei hinzugezogen wird, die ihn gegebenenfalls rausbringt und auch Anzeige erstattet. Von daher war es hier ganz wichtig, sich mit den Sicherheitsfirmen abzusprechen. Und schon vor 89 kannte man sich, hat auch mal das eine oder andere Gespräch miteinander geführt aus aktuellem Anlass oder im Vorfeld, bei Präventionen – also auch ohne diesen Vertrag gab es Kontakte auf der unteren Ebene, zwischen Funkwagen und Wachmann usw.

Wie oft nahm die Polizei an gemeinsamen Gesprächsrunden teil? Welche Ergebnisse brachten dies Gesprächsrunden?
Also wir unterhalten uns hier mit dem AKUS, ca. zweimal im Jahr finden Gespräche statt. Seit dem 01.07.2003 nach der Neustrukturierung wurden auf der Ebene der Einsatzzentrale und uns zwei Gespräche geführt. Man fragt z.B., was braucht Ihr eigentlich, könnt Ihr mit den Informationen, die wir geben, leben oder so.
Klar, die Sicherheitsdienstleister hätten immer gerne noch ein bisschen mehr an Informationen. Aber mittlerweile wissen sie, dass es von uns nur bestimmte Sachen gibt. Man ist halt im Kontakt und bei Bedarf relativ unbürokratisch, man telefoniert miteinander oder mailt. Aber größere Sachen wie z.B. der Wunsch der Sicherheitsdienstleister, dass man in ihren Beschulungsprogrammen und der Ausbildung von Mitarbeitern auch gern mal die Polizei in Beraterfunktion hätte, das wird auch immer wieder von den Firmen über den AKUS herangetragen und das wird dann hier auch besprochen inwieweit wir hier mit dabei sind.

Haben die Polizei bzw. der Senat das private Sicherheitsgewerbe bei Aus- und Fortbildungen unterstützt?
Im ersten Jahr haben im Bereich der Ausbildung bei der IHK polizeiliche Beratungen stattgefunden, im wesentlichen aus einsatztaktischer Sicht bei Veranstaltungen z.B. wie bau ich eine Schleuse auf, worauf hab ich dabei zu achten oder was sind geeignete Verstecke am Körper, wo kann jemand eine Waffe verstecken und so was. Die Polizei war hier nur als Dozent bei der IHK vertreten.
Aber wir machen keine Ausbildung, um das noch mal zu verdeutlichen, also die bekommen hier keine polizeiliche Grundausbildung oder so was.

Wurde das private Sicherheitsgewerbe bei Fahndungen eingesetzt? Müsst im Vertrag ein eindeutiger Bezug auf Öffentlichkeitsfahndungen konkretisiert werden?
Im ersten Jahr waren es fünf Fahndungen. Es handelt sich nur um Öffentlichkeitsfahndungen, das muss auch nicht weiter konkretisiert werden. Die Firmen sind ja auch nicht verpflichtet, im Vertrag heißt es: sie erklären sich bereit.

Genügen die datenschutzrechtlichen Bestimmungen?
Die Regeln genügen, es werden ja keine personenbezogen Daten weitergegeben. Abgesehen von den Öffentlichkeitsfahndungen, aber die gehen ja auch über die Presse.

Können diese Regelungen problemlos in der alltäglichen Arbeit eingehalten werden?
Ja ich denke schon. Das muss man den Sicherheitsdienstleistern auch anrechnen, dass sie verstanden haben, dass sie mehr auch nicht bekommen. Sie unterliegen auch nicht mehr der Versuchung, da Kontakte zur Polizei zu „mehr" benutzen zu wollen. Wie man das aus einschlägigen Filmen kennt, man kennt jemanden bei der Polizei, den ruft man an und der sagt dann, wem das Auto gehört und so. Also das läuft nicht.

Im Vertrag wird die Vermittlungsfunktion zwischen Bevölkerung und Polizei betont, wie bewerten Sie diese neue „Bindegliedsfunktion"?
Das ist der politische Auftrag, der dahinter steht. Aber um das umzusetzen, müsste man eine ganz andere Öffentlichkeitsarbeit betreiben. Ich finde, wenn bisher Öffentlichkeitsarbeit geleistet wurde, wurde nicht so klar gemacht, dass man, wenn man Hilfe braucht, auch jemanden vom Wachschutz ansprechen kann. Im Einzelfall wird das sicher geschehen. Also, wenn ich als Bürger sehe, da ist jemand mit Funkgerät oder so und der hat sicher einen kürzeren Draht zur Polizei als ich mit meinem Handy, dann werde ich denjenigen sicher ansprechen.

Aber die Fälle, wo wir sehen, hier ist ein Bürgerersuchen über die private Sicherheitsfirmen gelaufen, sind sehr gering. Die ertappen natürlich auch mal jemanden auf frischer Tat, wie z.B. Grafitty-Sprayer und haben die festgehalten, bis die Polizei kommt, aber das hätten die auch so gemacht ohne Vertrag. Klar, sicher wäre dieses Zusammenwirken eine Idealvorstellung, aber ob das so funktioniert, ist fraglich. Bis das auch bei der Bevölkerung angekommen ist und angenommen werden wird, da geht sicher noch viel Zeit ins Land.

Im Vertrag wird auch das öffentliche Interesse als Handlungsanleitung angesprochen, wie bewerten Sie diese neue Ausrichtung?
Die melden sicherlich im Rahmen ihres Arbeitsauftrages auch Sachen, die im öffentlichen Interesse liegen, also kommen zu einem Verkehrsunfall, fragen, ob jemand verletzt ist und rufen die Polizei oder werden Zeugen von Straftaten außerhalb ihrer betreuten Firma, also sehen, wie eine Oma ihrer Handtasche beraubt wird oder so – aber solche Meldungen sind noch nicht so oft eingetreten und es liegt ja eben außerhalb ihrer gesetzlichen Verpflichtung.
Als Mitarbeiter einer Wachschutzfirma muss ich jetzt nicht – ich sag jetzt mal – jedem Ladendieb hinterher rennen. Man muss auch sagen, wenn man das alles machen will, braucht man auch bei den privaten Kräften eine bessere Qualifikation, und die haben wir bei den Wachschutzfirmen teilweise eben nicht. Von daher sind das schöne Idealvorstellungen und wir wollen vielleicht alle mal dahin, aber das funktioniert momentan noch nicht so.

4. Fazit der praktischen Zusammenarbeit

Welches Fazit ziehen Sie nach anderthalb Jahren Sicherheitspartnerschaft?
Ja, das alles zusammengenommen. Dass, was wir uns als Polizei erhofft haben, ist so noch nicht ganz eingetreten. Wir hoffen und ich sage auch, wir müssen hoffen, weil – bedingt durch die Bindung mit anderen Aufgaben – wir also jede Ressource, die wir auf der Straße haben, einfach auch nutzen müssen. Erst recht, wenn ich daran denke, dass wir mit Großveranstaltungen wie der Fußballweltmeisterschaft 2006 vielleicht auch an die Grenzen der Machbarkeit stoßen.
Und da Private sowieso in die Organisation und die Durchführung eh schon immer involviert sind, ist die Frage, wie kann man die Informationen dort für die Polizei nutzen, damit wir ein besseres Lagebild erhalten und dann auch effizienter Kräfte einsetzen können. Wenn z.B. der Veranstalter des Olympia-Stadions das Stadion mit eigenen Kameras überwacht, dann kann ich vielleicht auch mal einen Blick drauf werfen um zu kucken, wo hab ich denn meine Störer oder so.

Wo sehen Sie weiteren Handlungsbedarf, hätten Sie Veränderungsvorschläge?
Ich hab nicht die Glaskugel, ich kann nicht sagen, wie sich dass alles entwickeln soll. Zur Zeit ist es so, dass das alles noch nicht so eingetreten ist, was wir uns so vorgestellt haben. Ob es jemals so eintritt, das hängt sicher auch von den Sicherheitsdienstleistern ab und auch von deren Qualifikation. Wir werden als Polizei auch immer vorsichtig sein, dass wir uns nicht auf eine Ebene mit den Firmen begeben. Die sind keine Polizeidienststelle, wir planen auch keine gemeinsamen Einsätze mit ihnen. Es ist ein Nebeneinander, die mit ihren Aufgaben, wir mit unseren. Und wenn wir als Polizei irgendwelche polizeilichen Ziele zu erfüllen haben, werden wir nie auftragsbindend Wachschutz mit reinnehmen ins Boot.
Wir werden versuchen, an ihre Informationen zu kommen um vielleicht das Wissen, was sie haben, für unsere Einsatzkonzeption mit zu verwenden. Aber wir werden sie nie mit ins Boot holen nach dem Motto: Um den Südbereich müssen wir uns nicht kümmern, so was macht der Wachschutz oder so. So eine Konstellation darf es meiner Meinung nach auch nicht geben.

Lässt sich eine Entlastung der Polizei feststellen?
Nee – Also nach meinen Ausführungen erübrigt sich die Frage.

Besteht die Möglichkeit, dass das private Sicherheitsgewerbe der Polizei Aufgaben im halböffentlichen Raum abnimmt?
Nein, und das geht schon aus rein rechtlichen Gründen nicht. Der Wachschutz hat zwar das Hausrecht, aber auch aus polizeilicher Sicht kann man das nicht machen. Der Wachschutz kann vielleicht alkoholverzehrenden Personen sagen: Verlassen Sie das Gelände. Aber bei größeren Sachen wie Jugendgruppen, wir hatten in den Spandauer Arkaden so einen Fall, da hat sich so eine kleine Jugendszene gebildet, die haben das als Aufenthaltsraum genutzt und dort wurden auch Straftaten verabredet, das kann ich nicht mit dem Wachschutz bewältigen. Wir waren dann eben mit der entsprechenden Operationsgruppe Jugendgewalt präsent und vor Ort. Aber wir setzen dann eben nicht das Hausrecht durch, wir sind nicht der Wachschutz der Spandauer Arkaden.

Wir versuchen natürlich auch in diesen Räumen, weil sie zwar Privatgelände sind, aber tatsächlich ja öffentlich, Kriminalität zu bekämpfen. Und dort, wo wir Kriminalität feststellen, also Handtaschendiebstähle z.B. sind häufig, gehen wir dagegen vor. Weniger Präsenz gibt es deshalb nicht. Präsenz richtet sich immer danach, wo haben wir einen Brennpunkt? Es kann natürlich sein, dass wir durch Meldungen der Wachschutzfirmen feststellen, dass dort ein Brennpunkt ist, und wir tätig werden müssen. Das sind dann eben die Informationen der Lagebildgewinnung. Aber dass sie sagen, so nach dem Motto: Helft uns mal! und wir machen hier mit, also so was passiert nicht. Oder dass wir sagen, die Polizei kommt dreimal die Woche und kann eigentlich zwei Gänge dem Wachschutz übertragen und weniger einplanen, dass passiert so nicht.

Denken Sie, dass das private Sicherheitsgewerbe aufgrund dieses Vertrages nachhaltig zur Gewährleistung der Öffentlichen Sicherheit beitragen konnte?
Wir haben diese Idealbedingungen nicht. Sicherlich geschieht das mal im Einzelfall und grundsätzlich streben wir diese Idealbedingungen auch an, aber zur Zeit ist das alles nicht messbar.

5. Die Rolle des privaten Sicherheitsgewerbes im System der Öffentlichen Sicherheit

Wie beurteilen Sie – abgesehen von der Kooperationsvereinbarung – das allgemeine Nebeneinander von Polizei/BGS und privatem Sicherheitsgewerbe in Berlin?
Naja, die Zuständigkeiten sind ja festgeschrieben und der BGS ist z.B. fast bei jeder großen Veranstaltung oder Demonstration mit dabei, aber ansonsten haben sie ihren S-Bahn, Fern-Bahnbereich, den der BGS abdeckt und drum herum ist dann die Polizei zuständig.
Also, es gibt keine Berührungspunkte und wenn, dann wird eigentlich unbürokratisch geklärt, wer wann wo für die Bearbeitung zuständig ist. Die decken einen Bereich ab, der für uns als Polizei nicht relevant ist. Und ebenso ist das mit den Privaten. Die Polizei ist z.B. bei einem Fußballspiel präsent und daneben gibt es dann den Ordnungsdienst, der eben aufpasst, das keiner aufs Spielfeld rennt oder so. Es ist aufgrund der Aufgabenbeschreibung und Rechte ein Nebeneinander bzw. ein Ergänzen.

Sehen Sie das private Sicherheitsgewerbe in der Rolle eines „Juniorpartners" der Polizei?

Nee, das sehe ich nicht so. Sicher hat das Gewerbe expandiert, sie sind über die Schließ- und Wachschutzfunktionen weit hinaus und bieten mehr, als früher denkbar war, bis hin zum Personenschutz. Aber ansonsten sehe ich das nicht so. Die nehmen eben Aufgaben wahr, die so nie für die Polizei relevant waren.

Der Begriff Partner oder Juniorpartner beinhaltet ja, dass man im gleichen Boot sitzt. Aber sowas ist ja hier rein zufällig. Also, die sind dann eben alle zufällig im Sicherheitsgewerbe tätig, aber ansonsten ist jeder doch für sich allein. Ich denke, so ein Kooperationsvertrag kann vielleicht mal Ressourcen oder Kräfte bündeln, damit kann man so ein Boot vielleicht gemeinsam rudern. Ob man dann schneller von der Stelle kommt oder so, das weiß ich jetzt nicht.

Sehen Sie das größte Einsatzpotenzial des privaten Sicherheitsgewerbes eher im öffentlichen oder im halböffentlichen Raum?

Das kann man so schlecht sagen. Halböffentliche Räume in dem Sinne gibt es für uns nicht, wir haben entweder öffentliche Räume oder eben wie die shopping malls Räume in Privatbesitz, aber tatsächlich öffentlicher Straßenraum, weil da jeder rein kann. Aber was da ein Potential wäre, dazu kann ich so nichts sagen.

Welche sekundären Aufgaben der Polizei könnte die Branche Ihrer Meinung nach übernehmen?

Also, ich sag mal, so außer Horchen, Gucken, Melden keine hoheitlichen Aufgaben. Also, grade hoheitliche Aufgaben durch private Wachschutzunternehmen wahrnehmen zu lassen, ist bei der rechtlichen Konstellation nicht möglich.

Es sei denn, irgendwann mal beschließen Politiker neue Gesetze und schaffen dort Möglichkeiten. Aber persönlich kann ich mir das nicht vorstellen, dass also jemals private Firmen mit der Wahrnehmung hoheitlicher Aufgaben betraut werden.

Wird die geplante Bewachung von Polizeigebäuden durch Private umgesetzt?

Das wird teilweise schon umgesetzt, also z.B. in Empfangs- und Pförtnerräumen. Also, wir haben noch ein paar von uns, aber es ist durchaus möglich, dass demnächst private Firmen beauftragt werden. Es ist natürlich auch eine allgemeine Kostenfrage, unsere sind zu teuer.

Wie funktioniert die Zusammenarbeit mit privaten Firmen in halböffentlichen Räumen wie in shopping malls?
Man arbeitet ja täglich zusammen, man kennt die Ansprechpartner und die Wege. Von daher ergibt sich da eine eher enge Zusammenarbeit aus der Praxis heraus, aber auf keinen Falls aus Planung. Das ergibt sich eher zufällig. Wenn ein Detektiv einen Dieb erwischt hat, ruft er den Funkwagen, weiß was die Polizei will und hat meist das entsprechende Formular vorbereitet, man arbeitet da Ruck-Zuck zusammen, aber das ergibt sich, das ist nicht geplant.

Könnten Sie sich vorstellen, dass das private Sicherheitsgewerbe verstärkt Aufgaben im öffentlichen Raum wahrnimmt, damit die Polizei sich um high-level-Kriminalität kümmern kann?
Das glaub ich so nicht, dafür müssten sich auch die Gesetze ändern. Ordnungsrecht z.B. – in anderen Ländern wird eben der Lärm vor der Kneipe vom Ordnungsamt geahndet und nicht von der Funkstreife, dann kann eben die Polizei besser sich der Kriminalitätsbekämpfung zuwenden und nicht so stark den Ordnungsaufgaben, das ist das, was wir uns als Polizei so vorstellen – einige Sachen in andere originäre Zuständigkeiten der Behörden zu übergeben, damit wir freier werden. An Private so was zu übertragen, ist bei der jetzigen Gesetzeslage schlicht nicht möglich.
Das sieht ja meistens praktisch auch alles ganz anders aus, man sagt ja immer, Private können kostengünstiger arbeiten. Aber dann muss man sich auch angucken, was zahlen die und welche Qualität können sie so leisten. Wir sind hier eher interessiert, dass bei den Ämtern eigene Leistungs- und Verantwortungszentren geschaffen werden.

6. Das Konzept der „gefährlichen Orte"

Wie viele der sogenannten „gefährlichen Orte" gibt es in Berlin?
Eine Auflistung so geben wir nicht raus, da möchte ich Sie um Verständnis bitten. Zum einen findet hier eine ständige Überprüfung statt und zum anderen hat das auch einsatztaktische Gründe. Außerdem wollen auch nicht die Bevölkerung irritieren. Das ist ja nur ein juristischer Begriff aus dem Ordnungsrecht, der bestimmte Maßnahmen der Polizei erlaubt. Das heißt ja nicht, dass der Bürger sich nun unbedingt in Gefahr begibt, wenn er an diesem Ort ist.
Wir sind immer recht betrübt, wenn in der Presse steht: Und wenn Sie da und da wohnen, sind Sie besonders gefährdet. Weil das Quatsch ist. Den Begriff des „gefährlichen Ortes" gibt es, seit es das ASOG gibt, ich glaube, seit Ende der 70er Jahre. In

den Altauflagen des ASOG kann man das nachlesen. Mit der Neuauflage des ASOG ist das wohl nur noch mal alles ein bisschen näher definiert worden.

Sind in den nach ASOG als „gefährliche Orte“ eingestuften Gegenden sowohl Private als auch die Polizei präsent?
Wenn das passiert, dann ist das auch rein zufällig, das ist nicht geplant. Wenn an einem solchen Ort ein Auftrag eines privaten Kunden existiert, dann bin ich auch als Wachschutz an diesem gefährlichen Ort. Aber das ist nicht unser Sinn oder Kooperation oder die Vertretung der Polizei. Die Maßnahmen laufen, weil dort ein Kunde ist und unsere Maßnahmen laufen, weil dort z.B. überproportional Straftaten begangen werden und wir als Polizei dort tätig werden müssen.

Vielen Dank für das Gespräch.

***ibidem*-Verlag**
Melchiorstr. 15
D-70439 Stuttgart
info@ibidem-verlag.de
www.ibidem-verlag.de
www.edition-noema.de
www.autorenbetreuung.de

MIX
Papier | Fördert gute Waldnutzung
FSC® C083411

Zeitfracht Medien GmbH
Ferdinand-Jühlke-Straße 7
99095 Erfurt, Deutschland
produktsicherheit@kolibri360.de